BAEDEKER SMART

Madeira

Verlag Karl Baedeker – www.baedeker.com

Wie funktioniert der Reiseführer?

Wir präsentieren Ihnen Madeiras Sehenswürdigkeiten in fünf Kapiteln. Jedem Kapitel ist eine *spezielle Farbe* zugeordnet.
Um Ihnen die Reiseplanung zu erleichtern, haben wir alle wichtigen Sehenswürdigkeiten jedes Kapitels in drei Rubriken gegliedert: Einzigartige Sehenswürdigkeiten sind in der Liste der *TOP 10* zusammengefasst und zusätzlich mit zwei Baedeker Sternen gekennzeichnet. Ebenfalls bedeutend, wenngleich nicht einzigartig, sind die Sehenswürdigkeiten der Rubrik *Nicht verpassen!* Eine Auswahl weiterer interessanter Ziele birgt die Rubrik *Nach Lust und Laune!*

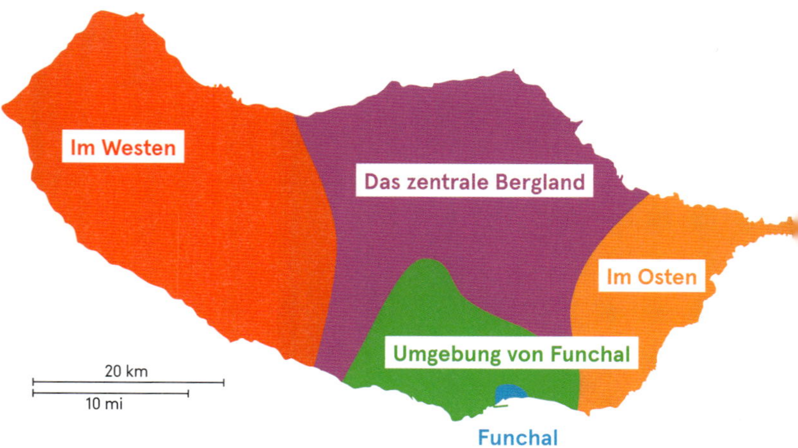

Das Magazin

Funchal

Umgebung von Funchal

Das zentrale Bergland

Im Westen

Im Osten

Ausflüge

Wanderungen

Praktische Informationen

Anhang

Magische Momente

Kommen Sie zur rechten Zeit an den richtigen Ort
und erleben Sie Unvergessliches.

Madeiras wilde Nordküste macht die Bronchien frei und berührt nicht nur die Herzen von Yoga-Jüngern

Die Insel ist kein schwimmendes Blumenbeet – aber es gedeiht fast alles, was man hier anpflanzt

1

2

3

4

5

6

7

8

9

ARMAZEM
VINHOS
BLANDY'S
905
MALVAZIA
B
10

★★ Baedeker Topziele

Unsere TOP 10 helfen Ihnen, von der absoluten Nummer eins bis zur Nummer zehn, die wichtigsten Reiseziele einzuplanen.

❶ ★★ Zona Velha

Funchals Altstadtviertel mit seinen restaurierten Häusern und urigen Restaurants ist die absolute Nummer eins auf Madeira – bei Tag wie bei Nacht (S. 44).

❷ ★★ Pico do Arieiro

Im Bereich der höchsten Gipfel, dem Pico do Arieiro und dem Pico Ruivo, ist Madeiras raue Schönheit einfach überwältigend (S. 110).

❸ ★★ Monte

Ein verwunschener Märchenpark bezaubert mit üppiger Vegetation und Kunst (S. 84).

❹ ★★ Porto Moniz

Ein Sprung ins kühle Nass ist in dem hübschen Ferienort zwischen den schwarzen Lavafelsen ein Highlight (S. 136)!

❺ ★★ Curral das Freiras

Die Aussicht vom Eira do Serrado hinunter ins Nonnental ist atemberaubend (S. 88).

❻ ★★ Ribeiro Frio

Der berühmte Lorbeerwald der Insel ist UNESCO-Welterbe. Auf einem Spaziergang zum Aussichtspunkt Balcões geht es mitten durch die grüne Pracht (S. 112).

❼ ★★ Quinta das Cruzes

In dem altehrwürdigen Herrenhaus aus dem 18. Jh. gibt es beeindruckende Kunstschätze und inseltypische Architektur zu bewundern. Der Garten ist eine wahre Oase in der Stadt (S. 48).

❽ ★★ Machico

Die – nach Funchal – zweitwichtigste Stadt Madeiras hat neben alten Gotteshäusern und Festungen einen zwar künstlich angelegten, aber dafür goldgelben Sandstrand zu bieten. Beachtime! (S. 158)

❾ ★★ Seixal

Die Tunnelstraße zwischen São Vicente und Porto Moniz bietet spektakuläre Ausblicke: In Seixal, Chão da Ribeira, am »Véu da Noiva« sowie am »Fensterfels« kann man die einzigartige Küstenlandschaft bewundern (S. 139).

❿ ★★ Blandy's Wine Lodge

Madeiras wertvollstes Gut ist flüssig: der goldene Madeirawein nämlich, der u.a. in den Adegas de São Francisco produziert wird. Und zu probieren gibt's die edlen Tropfen im ehemaligen Franziskanerkloster auch (S. 50).

Ein Gefühl für Madeira bekommen ...

Erleben, was die Insel ausmacht, ihr einzigartiges Flair spüren. So, wie die Madeirer selbst.

Bunte Gaumenfreuden auf dem Markt

Anona, Pitanga, Maracuja und Papaya: Die Auswahl an frischen Früchten auf dem Mercado dos Lavradores (S. 56) von Funchal verspricht exotische Köstlichkeiten. Im Gegensatz zu den einheimischen Gemüsesorten und den typischen Zwergbananen werden für die süßen Leckereien aber auch saftige Preise verlangt. Trotzdem, hier wird mit allen Sinnen genossen, auch beim Bestaunen des schwarzen Degenfisches in der Fischabteilung.

Tea-Time

Das Gästebuch des Nobelhotels Reid's Palace (S. 28, 66) offenbart, dass hier die Crème de la Crème der Inselbesucher logiert. Also die, die sich den noblen Luxus auch leisten können (und wollen). Alle anderen sind auch mit dem legendären *Afternoon Tea* auf der Hotelterrasse schon bestens bedient. Dort gibt es *Scones* und andere hausgemachte Köstlichkeiten – sowie besten englischen Tee, versteht sich. Reservierung und angemessenes Outfit (»*smart casual*«) nicht vergessen.

Atlantikbad im Lavapool

Hat irgendjemand behauptet, auf Madeira könne man nicht gut baden? Dann war er noch nie in Porto Moniz. Dort bildet das Lavagestein an der Küste natürliche Badebecken in einer wahren Farbsymphonie aus Blau, Weiß und Schwarz. Das Meer sorgt für ständigen Wasseraustausch. An einigen Stellen ist es flach, an anderen so tief, dass man tauchen kann. Die Meerwasserpools der *piscinas naturais* (S. 136) kosten einen geringen Eintritt; dafür bekommt man dann aber auch Umkleidekabinen und Liegeflächen. Eine Snackbar gibt es auch.

Poncha in den Bergen

Nach einer zünftigen Wanderung durch die wilde Natur Madeiras, die sich vor allem im Winter nicht immer von ihrer sonnigsten Seite zeigt, gibt es nichts besseres als eine

Bezauberndes Porto Moniz: Seine *Piscinas naturais* wurden behutsam zu einer halb natürlichen, halb künstlichen »Badewelt« ausgebaut.

Am Aussichtspunkt von
Terra Chã auf Porto Santo

Abendlicht am Strand
von Porto Santo

wärmende *Poncha* in einer urigen Dorfschänke: Der Mix aus Zuckerrohrschnaps, Zitronensaft und Honig bringt alle Lebensgeister zurück. Besonders gute Poncha gibt es in Ribeiro Frio, in Serra de Água (S. 115) und am Portela-Pass.

Abenteuerliches Abseilen

Die Wasserfälle im Rabaçalgebiet und entlang der Küsten eignen sich hervorragend zum Canyoning: Mit Neopren geschützt und von Seilen gehalten geht's abenteuerlich hinab. Adrenalin pur – und ein völlig neuer Blickwinkel auf Madeiras Naturschönheiten (z. B. mit www.madeiraoutdoor.com).

Am Ende der Welt

Per Seilbahn fährt man von *Achadas da Cruz* hinunter zur landwirtschaftlich genutzten Fajã da Quebrada Nova, ganz im Westen Madeiras. Paradiesische Ruhe, Wein- und Gemüsegärten, das Meer. Und sonst nichts. Ein Ort zum Träumen, Spazierengehen – und Robinson Crusoe spielen. Bis einen die Seilbahn wieder hinauffährt.

Fleischspieße und Festas

Im Sommerhalbjahr ist auf Madeira fast jedes Wochenende irgendwo ein Dorffest. Mischen Sie sich hier einfach mal unters Volk. Es gibt Folkloremusik mit traditionellen Trachten, Poncha, und auf jeden Fall Unmengen von Espetadas – die typischen Rindfleischspieße. Nur mit Knoblauch, Salz und Lorbeerblättern eingerieben, werden sie kurz »vom Feuer geküsst« und dann genüsslich verspeist. Die besten Dorffeste feiert man in Ponta Delgada (S. 119), Porto da Cruz (S. 122) und Caniço (S. 157).

Picknick in den Bergen

Die Madeirer lieben Picknicks. Vor allem im Sommer, wenn es in der Stadt heiß und stickig wird, ziehen sie scharenweise in die Berge und bevölkern dort die Picknickplätze und Feuerstellen; manchmal einen ganzen Tag lang. Besonders beliebt ist der *Pico das Pedras* oberhalb von Santana (S. 121). Nach einer Bergtour zum *Pico Ruivo* (S.109) oder einer Wanderung zum Caldeirão Verde (S. 190) bietet sich das schattige Plätzchen geradezu an für eine zünftige Picknickpause. Doch Vorsicht: Sonntags wird es schwer sein, einen freien Tisch zu finden!

Fahrradtour am goldenen Strand

Das kleine Porto Santo (S. 172 ff.) hat zwei große Vorteile: Es ist verhältnismäßig flach, und es gibt einen neun Kilometer langen Sandstrand. Selbst wer nur für einen Tagesausflug übersetzt, kann mit dem Fahrrad Teile der Insel erkunden: Mountainbikes sind für zwölf Euro am Tag zu mieten. Parallel zum Strand gibt es einen Fahrradweg, im hügeligen Hinterland ist recht wenig Verkehr. Auch mit dem Roller lässt sich die Insel gut befahren.

Der Rosengarten (*roseiral*) der Quinta de São Jorge bei Santana gilt als Portugals größter (geöffnet 10–18 Uhr).

Das Magazin

Die Atlantikinsel mit ihren tiefen Tälern, grünen Hängen, gepflegten Gärten und den lustigen Korbschlitten wird Sie begeistern.

Seite 12–35

Vom Zauber der Inseln

Dramatische Berglandschaften, steil abfallende Täler und alte Bauerndörfer mit üppig blühenden Vorgärten verzaubern den Besucher der Inselgruppe im Atlantik.

Hätten Sie's gewusst? Madeira ist vom portugiesischen Mutterland fast doppelt so weit entfernt wie von Afrika. Der kleine Archipel liegt 500 Kilometer westlich von Marokko im Atlantik. Die Hauptinsel Madeira steigt aus 4000 Meter Tiefe aus dem Ozean auf und erreicht am Pico Ruivo, der »Roten Spitze«, 1862 Meter.

Sonniger Süden, wolkiger Norden

Das gebirgige Rückgrat der Insel mit seinen schroffen Felskämmen trennt den sonnigen Süden vom regenreichen Norden. Im Westen breitet sich die Hochebene Paúl da Serra aus, im Osten die kleinere von Santo António da Serra. Am Süd- und Nordabhang der Zentralkette liegen von hohen Felsen umschlossene Talkessel, ihre Mündungen zum Meer bilden tief eingeschnittene Erosionsschluchten.

Viel Gebirge, kaum Flachland

An der Nordküste kann man den vielfachen Wechsel zwischen Asche- und Lavaschichten deutlich erkennen. Die Küsten von Madeira sind felsig und steil; schmale Strände gibt es nur an einigen wenigen, ins Meer mündenden ehemaligen Lavaströmen.

Die Nachbarinseln

Zur Inselgruppe zählen auch die 43 Kilometer entfernte Insel Porto Santo, die 20 Kilometer südöstlich gelegenen Ilhas Desertas und die fünf winzigen Ilhas Selvagens (zusammen ca. 4 km²), die viel weiter südlich am Nordrand der Kanaren liegen. Gemeinsam bilden sie die – als Teil Portugals zur Europäischen Union gehörende – Autonome Region Madeira.

Die Hauptstadt Funchal

Das Leben spielt sich in der Hauptstadt Funchal ab, dort wohnt fast die Hälfte der rund 267 000 Insulaner. Auch bei Machico ist Madeira relativ dicht bebaut. Die Südwestküste hingegen ist dünner besiedelt: Der Ferienort Calheta (S. 145) und ein paar andere Küstendörfer werden von steilen, dicht mit Bananen oder Wein bepflanzten Hängen flankiert.

Berge, Täler und steile Klippen

Madeira begeistert mit landschaftlicher Vielfalt auf kleinem Raum und mit mildem Klima. Auch im Winter steigen die Temperaturen mittags auf 20 °C und höher. Durch diese günstigen Bedingungen entstanden uralte Lorbeerwälder und üppige Gärten. Gemeinsam mit von wilder Brandung umtosten Küsten, panoramareichem Gebirge und saftig grünen Hochebenen bilden sie ein faszinierendes Ensemble.

Und anschließend zum Baden

Ein gute Ergänzung dazu ist die Nachbarinsel Porto Santo. Sie hat weder Blütenpracht noch Hochgebirge zu bieten, dafür einen neun Kilometer langen Sandstrand, der sich perfekt für einen anschließenden reinen Badeurlaub eignet.

Größtenteils gepflastert ist der Weg von Achada do Teixeira zum Pico Ruivo (S. 109).

Tochter des Vulkans

Senkrecht steigen zerklüftete Felswände aus dem Meer: Wo es auf Madeira nicht grünt und blüht, prägen braunschwarze Lavafelsen, dunkle Basalte und helle, vulkanische Tuffe die Inselwelt.

Blick vom etwa 580 Meter hohen Cabo Girão auf Funchal

Aus Feuer geboren: Madeira und Porto Santo gehören wie die Kapverden, Kanaren und Azoren zu den Mittelatlantischen Vulkaninseln. Die Inselgruppe verdankt ihre Entstehung einem sogenannten »Hotspot«. So bezeichnen die Geologen einen schmalen Kamin, in dem heißes Gestein aus den Tiefen des Erdmantels in die obere Erdkruste aufsteigt. Der Hotspot behält seine feste Position im Erdmantel, während die Platte der Erdkruste darüber hinweg wandert. Die Folge: Madeira hat sich längst von der heißen Stelle wegbewegt (sie wird aktuell einige hundert Kilometer unter La Palma vermutet).

Das Meer ist hier 4000 Meter tief

Was man heute von Madeira sieht, ist nur das oberste Drittel. Das Meer um die Insel ist etwa 4000 Meter tief. Madeira ragt noch einmal knapp 2000 Meter aus dem Wasser, der gesamte Vulkankegel vom Fuß bis zum Gipfel ist also imposante 6000 Meter hoch.

Das Wort Madeira heißt auf Portugiesisch Holz

Als João Gonçalves Zarco und Tristão Vaz Teixeira 1419 Madeira betraten, stießen sie auf eine unwegsame und dicht bewaldete Insel – diesem Umstand verdankt Madeira seinen Namen: Das portugiesische *madeira* bedeutet Holz. So ließen sich die Entdecker zunächst auf der flachen Nachbarinsel Porto Santo nieder, um die Hauptinsel von dort aus zu erschließen. Als geeignetes Mittel, die Insel urbar zu machen, erschien den portugiesischen Siedlern die Brandrodung. Nachdem das Feuer zeitgenössischen Dokumenten zufolge sieben Jahre gebrannt hatte, war von dem über Jahrtausende gewachsenen Urwald nur ein kleiner Teil übrig.

Funchal – Stadt des Fenchels

Zur Zeit der Entdeckung Madeiras war Gewürzfenchel auf der Insel stark verbreitet. Ihm verdankt die Stadt Funchal ihren Namen: Die portugiesischen Seefahrer, die in der Bucht landeten, sollen von seinem Duft so betört gewesen sein, dass sie die Stadt danach benannten. Noch heute werden Fenchelbonbons auf Madeira hergestellt.

Unbeliebter Eukalyptus

Die heutzutage in Höhen über 800 Meter vorherrschenden Eukalyptuswälder entstanden durch Aufforstung. Als schnell nachwachsendes Holz wird der aus Australien stammende Eukalyptusbaum sehr geschätzt. Wanderer freuen sich am typischen Duft, Zellulose-Fabriken stellen Papier her, mit den ätherischen Ölen werden Bonbons hergestellt. Der Nachteil: Eukalyptus entzieht dem Boden große Mengen Wasser, und bei den inzwischen fast in jedem Sommer wütenden Waldbränden verhält sich diese Monokultur wie eine Streichholzschachtel; das wird zunehmend zu einem explosiven Problem.

Madeiras Natur – ein geschütztes Welterbe der UNESCO

Der ursprüngliche Laurazeenwald, von dem heute nur noch auf Madeira, den Kanarischen Inseln, den Azoren sowie auf den Kapverden Reste zu finden sind, war im Erdmittelalter auch im Mittelmeerraum verbreitet. 1999 wurde der auf Madeira noch vorhandene Wald von der UNESCO zum Weltnaturerbe erklärt. Er bildet den Kern eines Naturschutzgebietes. Hier finden sich noch beträchtliche Bestände von Madeira-Lorbeer, Stinklorbeer und Kanarischem Lorbeer. In Höhen über 1000 Meter sind Baumwacholder, Wilder Ölbaum, über 1500 Meter Besenheide und Schildfarn erhalten. Der Drachenbaum, das wohl markanteste aller einheimischen Gewächse, ist in der wilden Natur weitgehend verschwunden, kann aber noch ab und zu als Ziergewächs in Parkanlagen und Gärten bewundert werden.

Garten im Atlantik

»Flor do Oceano« – »Blume des Ozeans« – nennen die Portugiesen ihre Insel im Atlantik. Und tatsächlich: Wer Madeira zur richtigen Jahreszeit besucht, der erlebt ein einziges Blütenwunder.

Die Tourismuswerbung schwärmt von der »Blumeninsel Madeira«, und entsprechend groß sind die Erwartungen der Urlauber. Aber dämpfen Sie Ihre Vorfreude: Madeira ist kein Keukenhof. Ja, es blüht an vielen Stellen, in den Parks und (Vor-)Gärten, aber selbst im Frühing definitiv nicht überall, vor allem nicht in der freien Natur.

Der Traum jedes Gärtners

Das ändert nichts daran, dass Madeira der Traum jedes Gärtners ist. Egal was man pflanzt, es wächst fast alles. Schuld sind das milde Klima, der reichliche Regen im Winter und die künstliche Bewässerung durch die Levadas, die Wasser aus den Bergen den Gärten an der Küste zuführen.

Importiert von reichen Engländern

Die meisten Pflanzen, die wir heute bewundern, sind freilich nicht heimisch, sondern von reichen Engländern und Großgrundbesitzern mitgebracht. Sie führten vor allem im 18./19. Jh. exotische Pflanzen aus Südafrika, Südamerika und Asien zur Verschönerung ihrer Quintas ein. Und so wachsen heute Palmen und Papayas, Lilien und Bambus, Jacarandabäume und Agaven. Die Straßenränder sind vielfach gesäumt von meist blau blühenden Hortensien, weißem und blauem Agapanthus und der ursprünglich aus Südafrika stammenden Belladonnalilie.

Mächtige Weihnachtssterne

Orchideen werden in großer Vielfalt in Orchideengärten gezüchtet und sind als pflegeleichtes Reiseandenken beliebt. In den meist von hohen Mauern geschützten Gärten Funchals entzückt im Winter und Frühjahr eine vielfältige bunte Blumenpracht: Rosen und Kamelien, Rhododendren und Azaleen, Pelargonien und Glyzinien. Der ursprünglich aus Mexiko stammende Weihnachtsstern wächst auf Madeira in mächtigen Sträuchern.

Der madeirische Millionär José Berardo war davon beseelt, den Einfluss der portugiesischen Seefahrer auf Japan und China in einem Park darzustellen. Heraus kam der Monte Palace Tropical Garden (S. 84).

Strelitzien stammen aus Südafrika
Strelitzien, 1778 aus Südafrika nach Madeira gebracht, sind in fast jedem Garten zu finden und werden auf Feldern für den Export angebaut. Ihre auffallenden, einem Vogelkopf ähnelnden Blüten sind, sorgsam verpackt, ein beliebtes Mitbringsel.

Bunte Pracht: Jardim Botânico (oben), Parque de Santa Catarina mit Jacrandabaum (unten links) und eine Strelitzie in voller Blüte

TOP 10: Die schönsten Gärten

Jardim Municipal: Der ehemalige Klostergarten ist heute die grüne Lunge Funchals. Beliebte Mittagspausen-Oase mit einfachem Kiosk. ↟218 B2, *immer geöffnet*

26 Parque de Santa Catarina (S. 64): öffentlicher Park westlich des Hafens zwischen Altstadt und Hotelzone. Weite Rasenflächen, alte Bäume, schöner Blick. *Winter tgl. 8-19 Uhr, Sommer tgl. 7-21 Uhr*

Jardim da Quinta Vigia (S. 65): Das rosafarbene Herrenhaus, in dem der Inselpräsident residiert, wird von einem prächtigen Garten mit Top-Aussichten über Funchal flankiert. *Av. do Infante 1, Tel. 291 231 501, Mo-Fr 9-17 Uhr*

Jardim Reid's Palace (S. 8, 28) Einzigartiger Hotelgarten mit botanischen Prachtexemplaren und grandiosen Blicken über die Bucht von Funchal. *Estrada Monumental 139, Zugang nur für Hotelgäste, Besucher des Afternoon Teas oder der Führung (Mi/So 15.30 Uhr, 15 Euro, 1 Std.), Reservierung Tel. 291 71 71 71*

29 Jardim Botânico (S. 94): Üppiges Gartenreich in prächtiger Aussichtslage mit Seilbahnanbindung 4 Kilometer oberhalb von Funchal.

3 Jardim Tropical Monte (S. 84): Märchenpark mit tropischem Hanggarten und zauberhafter Edelsteinsammlung in Monte. Madeiras Nummer eins!

28 Jardins do Palheiro (S. 90): Der dschungelartige Garten um das Herrenhaus der Weindynastie Blandy 8 Kilometer östlich von Funchal. Entzückendes Teehaus!

Quinta da Boa Vista (S. 101): Bekannte Orchideenfarm samt Steilgarten auf Felsvorsprung über Funchal mit netter Café-Terrasse. *Rua Lombo da Boa Vista, Tel. 291 22 04 68, Mo–Sa 9-18 Uhr, Bus 31. Beste Zeit: Mai bis Dez.*

30 Jardim Orquídea (S. 94): Schaugarten der Orchideenzüchterfamilie Pregetter (nach Brand im Wiederaufbau). Die Führung mit Verena Binder geht ans Herz.

Quinta Splendida: Traumhafter Hotelgarten mit tropischem Touch, Kräutergarten und Top-Aussichten. *Estrada da Oliveira 11, Caniço, Zugang tagsüber frei, Do. 17–18 Uhr deutschsprachige Führung (5,90 €), Reservierung Tel. 291 93 04 00*

An der Küste von Porto Moniz: Madeira ein »Höllenschlund«?

Wahrheit und Legende

Dass Madeira im Jahr 1419 von zwei Portugiesen erstmals betreten wurde, ist unbestritten. Doch wann wurde dieser Archipel entdeckt? Auf einer Seekarte von 1351 ist die Lage des Archipels im Atlantik bereits eingezeichnet. Und es kursiert auch eine Legende von der Entdeckung Madeiras durch ein englisches Liebespaar.

Im Jahr 1418 gerieten die portugiesischen Kapitäne João Gonçalves Zarco und Tristão Vaz Teixeira in einen Sturm. Sie landeten auf der unbewohnten Insel Porto Santo. Von dort sahen sie Madeira liegen, aber ihnen fehlte der Mut, das Eiland zu betreten. Die dramatische Wolkenbildung ließ Zarco vermuten, es handle sich um einen »Höllenschlund«. Erst bei einer zweiten Expedition im folgenden Jahr landete er auf Madeira.

Der madeirische Archipel ist bereits auf einer florentinischen Seekarte von 1351 verzeichnet. Auch

Porto Santo und die Ilhas Desertas sind erwähnt. Ob italienische, arabische Seeleute oder gar schon Karthager oder Römer den Archipel kannten – darüber kann nur spekuliert werden.

Ritter Robert, seine Geliebte und eine Reise ins Unbekannte

Offene historische Fragen regen stets zur Legendenbildung an. Die schönste handelt vom englischen Ritter Robert Machyn, der 1346 – also fünf Jahre vor der Erwähnung Madeiras auf der oben genannten Seekarte – wegen eines unbekannten Vergehens verbannt wurde. In Begleitung seiner angeblich nicht standesgemäßen Geliebten Anne Dorset machte er sich auf den Weg nach Portugal. Während eines Sturms kam ihr Schiff vom Kurs ab. Die Reisenden landeten auf Madeira, und zwar in der Bucht, wo heute Machico liegt, das – so die Legende – aus dem Nachnamen des Ritters, Machym, entstanden sein soll. Mit einem Diener erkundete Machyn die Insel. Als beide nach drei Tagen zurückkehrten, waren Schiff und Besatzung verschwunden. Nur Anne war zurückgeblieben, starb aber nach wenigen Tagen. Robert begrub sie unter einem Holzkreuz und errichtete ihr eine Kapelle. Dann baute er mit seinem Diener ein Boot, stach in See und landete an der afrikanischen Küste – genau dort, wo seine abtrünnigen Gefährten gestrandet waren. Die waren inzwischen von Mauren gefangen genommen worden und schmachteten im Kerker. Auch Robert wurde dort eingekerkert und stürzte sich wutentbrannt auf die Verräter. Diese Geschichte hörte der König von Fez und erfuhr so von der Existenz Madeiras. Doch der maurische Herrscher interessierte sich so wenig für das unbewohnte Eiland wie der kastilische Monarch, zu dem Robert geschickt wurde.

Ein frommer Wunsch

Dieser Mythos von der Entdeckung Madeiras wurde vielfach abgewandelt. In anderen Versionen beispielsweise ist Anne Dorset eine edle Dame und Robert ein einfacher Ritter. In einer zu Herzen gehenden Variante heißt es, Schiffskapitän Zarco habe von der tragischen Geschichte des Liebespaares gewusst und demzufolge das Holzkreuz gefunden, unter dem Anne und Robert – in dieser Version starb auch Robert auf dem Eiland – begraben waren. In dieses Kreuz, so heißt es weiter, hätten die Gefährten vor ihrer Abreise eingeritzt, welch trauriges Schicksal den beiden widerfuhr, verbunden mit einer Bitte: Falls sich je Christen auf die Insel verirrten, dann sollten sie hier eine Kapelle errichten. Zarco kam diesem frommen Wunsch nach und ließ ein kleines Gotteshaus bauen, das allerdings im Jahr 1803 bei einer Überschwemmung vollkommen zerstört wurde.

Wasserwege

Zu den größten Errungenschaften, die der Mensch auf die Insel Madeira gebracht hat, zählt das kunstvolle Bewässerungssystem, dessen Kanäle sich auf mehr als 2000 Kilometer Länge erstrecken.

Der Bau der sogenannten Levadas (vom portugiesischen Wort »*levar*«: »führen«) geht schon auf die Zeit der ersten Besiedlung Madeiras zurück. Bereits damals stellte sich das Problem einer gleichmäßigen Wasserversorgung: Während es auf der feuchten Nordseite der Insel häufige Niederschläge und damit Wasser im Überfluss gab, litt der ungleich sonnigere Süden oft unter Trockenheit. Um aber auch den Süden der Insel landwirtschaftlich nutzbar zu machen, fanden die Siedler eine effiziente, wenn auch aufwendige Lösung, indem sie das Regenwasser in ein Netzwerk kleiner Kanäle leiteten.

Eine technische Meisterleistung – von Sklaven erbaut

Wer den Anstoß zum Bau der Levadas gab, ist nicht überliefert – als Vorbild gelten maurische

Besser wandern mit Guide

Bitte beachten Sie: Für alle Wege, die nicht mit »leicht« gekennzeichnet sind, gehören Schwindelfreiheit, Trittsicherheit und angemessene Ausrüstung zu den zwingenden Voraussetzungen. Sie möchten unterwegs noch spannende Infos zu den Blumen am Wegesrand hören oder Insider-Tipps zu den besten Einkehrmöglichkeiten erfahren? Dann ist eine geführte Wanderung, die zum Beispiel bei Christa Dornfeld und ihrem Team (Madeira Wandern ☎ 915 69 32 05 🌐 www.madeirawandern.com) gebucht werden kann, eine super Sache, zumal die Guides die Tücken der Wanderwege wie ihre Westentasche kennen und das Wetter fachmännisch einschätzen können.

Beliebt bei Wanderern: die Pfade entlang der Levada do Risco

Bewässerungssysteme. Gesichert ist jedoch, dass es Sklaven aus Afrika und von der Kanareninsel La Gomera waren, die nicht nur die ersten Kanäle anlegten, sondern auch die treppenförmigen Terrassen in den steilen Hängen, auf denen bis heute die verschiedensten Früchte und Gemüse angebaut werden. Nicht nur Kartoffeln, Karotten, Bohnen, Bananen, Cherimoyas und Avocados gedeihen hier üppig, sondern auch Reben, aus denen neben dem berühmten Madeirawein auch neue rote und weiße Tafelweine gekeltert werden.

Das größte Hindernis beim Bau der Levadas waren die topografischen Gegebenheiten. Jeder Stein, jedes Arbeitsgerät musste erst einmal dorthin gebracht werden, wo man den günstigsten Verlauf des

Wasserweges bestimmt hatte. Oft genug mussten die Arbeiter mit ihren Geräten per Seil an den Steilwänden hinuntergelassen werden und hingen bei der Arbeit zwischen Himmel und Erde. Die meisten heute zu sehenden Levadas wurden aber im 20. Jh. angelegt, so die *Levada dos Tornos* oberhalb von Funchal, die 1966 erstmals Wasser lieferte und auf einer Länge von über 100 Kilometer mit 100 000 Abflüssen knapp 100 km² landwirtschaftliche Nutzfläche versorgt.

Gespeist werden die Levadas durch natürliche Quellen und durch große Wasserreservoirs, die für gleichmäßigen Wasserfluss sorgen. Bevor das Wasser die Felder erreicht, hat es häufig schon einem weiteren sinnvollen Zweck gedient, nämlich der Stromerzeugung. Eine bessere Ausnutzung dieses Energieträgers lässt sich kaum erfinden.

Gerechte Verteilung

Um die Bauern gerecht mit Wasser zu versorgen, wurde schon früh ein Levada-Recht erlassen, das heute noch im Wesentlichen besteht. Levadeiros halten das komplizierte Kanalsystem in Ordnung und überwachen die Verteilung. Jeder, der ein berechtigtes Interesse hat, erhält gegen Gebühr die benötigte Wassermenge. Der Grundbesitzer verzichtet seit jeher darauf, eine auf seinem Grundstück entspringende Quelle ausschließlich selbst zu nutzen. Die Regierung kommt für den Unterhalt der Kanäle auf.

Levada-Wanderungen

Wer Madeira besucht, sollte wenigstens einmal an einer der Levadas entlangwandern. Selbst weit gereiste Wanderer geraten ins Schwärmen über die Einzigartigkeit und Ursprünglichkeit der Landschaft,

Blumengesäumt führt die Levada do Norte ins botanisch sehenswerte Folhadal.

Erlebnisreiche Levada-Wanderungen

Balcões (leicht, S. 107, 113): Schöner Waldspaziergang zur spektakulären Aussichtskanzel Balçóes. 3 km, ca. 45 Min.

Pico das Pedras – Queimadas (leicht, S. 190): Gut zu gehender Waldbodenweg entlang der Levada do Caldeirão Verde, wird im weiteren Verlauf anspruchsvoll. 2 km, 1 Std.

Levada das 25 Fontes (mittelschwer, S. 144): Landschaftlich fantastische Lorbeerwaldtour. 9 km, 3 Std. (Achtung: sehr voll und deshalb nicht ungefährlich!)

Folhadal (mittelschwer, S. 119): Entlang der Levada do Norte geht es vom Encumeada-Pass (teilweise durch Tunnel) ins verwunschene Folhadal mit seinen Farnen und Lorbeerbäumen. 5 km, mittel 1,5 Std. (Taschenlampe mitnehmen!)

Levada da Ribeira da Janela (mittelschwer, S. 137): Ab Lamaceiros geht es zunächst über breite, dann immer schmalere Levadawege und Tunnels hinein ins größte Tal der Insel. 12 km, ca. 3,5 Std. (Taschenlampe mitnehmen!)

Levada do Caniçal (mittelschwer, S. 160): Aussichtsreicher Weg durch Terrassenhänge von Machico bis nach Maroços. 12 km (ein Weg!), ca. 3 Std. (zurück per Bus Nr. 156)

Außer für »leichte« Wege sind Schwindelfreiheit, Trittsicherheit und passende Ausrüstung zwingend. Km-Angaben gelten für Hin- und Rückweg.

die man bereits bei einfachen Spaziergängen erleben kann. Levadawandertouren eignen sich gut, die unterschiedlichen Regionen der Insel abseits der touristischen Highlights kennenzulernen.

Allerdings sind die Wege entlang der Levadas ursprünglich Arbeitswege, also nicht als Wanderwege entstanden – eine Art Wanderkultur gibt es auf Madeira erst seit kurzem. Daher sind Levadawege nicht immer ausgeschildert, manchmal nicht gut und sicher ausgebaut, führen auch mal an steilen Berghängen entlang oder sind in senkrechte Felswände geschlagen. Dort kann der schmale Steig neben dem Bewässerungskanal fehlen, und der weitere Weg wird zu einem Balanceakt auf der Levadamauer! Schwindelfreiheit und Trittsicherheit sind unabdingbar. Auch der Zustand der Wanderwege kann sich nach starken Regenfällen oder Unwettern schnell verändern. Schranken sind deutliche Warnzeichen, die man ernst nehmen sollte: Es hat auf Wegen hinter einfachen Absperrungen schon tödliche Abstürze gegeben.

Des Kaisers Hotelier

Ob Seefahrer oder Kaiser – an Madeiras vulkanische Küste zog es schon die verschiedensten Persönlichkeiten. Aber erst seit William Reid hier seine Hotellegende gründete, trägt sich alles, was unter den Inselbesuchern Rang und Namen hat, ins gleiche Gästebuch ein: in das des Reid's Palace.

William Reid wurde im Jahr 1822 als eines von zwölf Kindern in Schottland geboren. Mit 14 Jahren heuerte er auf einem Schiff nach Madeira an. In Funchal fand er zunächst eine Anstellung bei einem deutschen Bäcker, dann im Weinhandel. Später vermietete er Quintas (mitsamt Personal) an gut betuchte Besucher, und 1887 begann er mit der Verwirklichung seines großen Traums: ein Luxushotel zu bauen. Doch die Eröffnung des Hotels erlebte William Reid nicht mehr: Er starb 1888 im Alter von 66 Jahren. Seine beiden Söhne Willy und Alfred weihten jenes Hotel ein, das bis heute als erste Adresse auf Madeira gilt.

Eine Oase des Luxus

Mit gutem Grund: 163 ebenso stilvoll wie luxuriös ausgestattete Zimmer und Suiten stehen den Gästen hier zur Verfügung, hinzu kommt ein mehr als 40 000 m² großer Park mit üppigem tropischem Bewuchs.

Kein Wunder also, dass sich das Gästebuch wie ein Who's who der Madeirabesucher liest. Dazu gehören Vertreter des Hochadels wie König Eduard von Großbritannien oder Kaiserin Zita, Literaten von Weltrang wie George Bernard Shaw, der hier das Tangotanzen erlernte, Schauspieler wie Roger Moore und Gregory Peck, der auf Madeira Szenen für John Hustons *Moby Dick-Verfilmung* drehte, sowie Politiker wie Sir Winston Churchill. Und dazu gehört auch der berühmteste aller Exilanten Madeiras, Karl I., der letzte Kaiser von Österreich. Ab November 1921 residierte er im Reid's Palace, bis sein Geld zur Neige ging. Nur zwei Monate nach seinem Umzug in die kleine und feuchte Quinta do Monte starb er im April 1922 an einer Lungenentzündung. Sein Grab befindet sich in der Kirche Nossa Senhora do Monte.

Reid's Palace: illustres Plätzchen für illustre Gäste in traumhaft schöner Lage

Weiß auf Weiß

Die Ursprünge der Stickerei auf Madeira reichen vermutlich bis ins 16. Jahrhundert zurück: Bereits zu dieser Zeit wurde die hohe Kunstfertigkeit der Madeirerinnen gerühmt.

Dass gekrönte Häupter sich nach wie vor aus Kopfkissen mit zart gestickten Madeira-Blumen erheben und Politiker im Weißen Haus sich während des Tischgesprächs den Mund dezent mit echter Handarbeit von der Atlantikinsel abtupfen, ist verbrieft: Die sorgfältig per Hand weiß auf weiß gestichelten traditionellen Blumenkorbmuster haben Madeiras Stickerei weltberühmt gemacht. Ursprünglich mussten die Motive mühsam mit der Hand vorgestickt werden. Erst die Einführung der *máquina de picotar* revolutionierte Ende des 19. Jhs. diesen Arbeitsschritt. Sie sorgte dafür, dass man die Muster per Farbe direkt auf den Stoff übertragen konnte. Die Maschine stanzt winzige Löcher entlang der Sticklinien durch das Pergamentpapier, sodass anschließend mit einem in einer Mischung aus Anilinfarbe,

Feinste Handarbeit sind die berühmten Madeira-Stickereien.

Heute werden die klassischen Blüten und Ranken auch farbig gestickt.

Petroleum und Wachs getränkten Baumwollläppchen, der »*boneca de algodão*«, das Muster auf den darunterliegenden Stoff geträufelt werden kann. Bald kam auch das Sticken mit blauem und braunem Garn auf, und die traditionell als Stickgrund verwendete Baumwolle wurde ergänzt durch Leinen, Organdy, Batist und Seide. An den feinsten Stücken arbeiten die Stickerinnen nach wie vor mehrere tausend Stunden. Bis heute haben einige feine Familien ihre eigenen Familienmuster, deren Geheimnis peinlich genau gehütet und nur besonders ausgewählten Stickerinnen anvertraut wird.

Porträts, Fantasielandschaften und Alte Meister

Während man bis in die Mitte des 19. Jhs. fast ausschließlich für den privaten Bedarf produzierte, wurde um 1850 der Grundstein für eine erste industrielle Herstellung von Stickereien gelegt: Elizabeth (»Bella«) Phelps, tatkräftiges Mitglied einer seit 1784 auf Madeira lebenden englischen Weinhändlerfamilie, ist es zu verdanken, dass die feinen Handarbeiten 1851 auf der Weltausstellung in London Aufsehen erregten. Durch ihre Initiative konnten sich etliche Madeirer Familien eine neue Existenz aufbauen. Zu Beginn des 20. Jhs. erlebte das Stickereihandwerk seine größte Blüte. In den 1930er-Jahren wurde die industrielle Stickerei intensiviert. In das Geschäft mit der Gobelinstickerei stiegen auch Ausländer ein wie der Deutsche Max Kiekeben, dessen Anfang des 20. Jhs. gegründetes Unternehmen über 100 Jahre lang bestand. Motive sind in erster Linie Porträts, Fantasielandschaften und Gemälde Alter Meister.

Was für ein Wein!

Weinkenner Sir Winston Churchill erhielt 1950 eine Flasche 1793er-»Napoleon« zum Geschenk. Auf die Frage, was er von dem Wein halte, der tatsächlich einst dem kriegerischen Korsen gehört hatte, antwortete Churchill, er sei so bezaubernd und vielschichtig wie Marie Antoinette, die bei der Lese dieser Trauben noch am Leben war.

Ja, so ein alter Madeirawein erzählt Geschichten. Eigentlich unglaublich, wie lange er sich hält und wie gut er auch nach Jahrzehnten noch schmeckt. Bei kaum einem Wein kann man wohl aus so großer Überzeugung sagen: Je älter, desto besser.

Dabei darf natürlich auch nicht vergessen werden, dass es sich beim Madeira um Dessertwein handelt und dass man ihn zu Tisch als Aperitif oder Digestif genießt – oder eben zu ganz besonderen Anlässen des Lebens. Klar, es hält sich das Klischee der englischen Damen, die ihren Madeira nachmittags zum Kaffeeklatsch nehmen. Und natürlich die Meinung, dass Madeira nur als Verfeinerung für Bratensoßen zu gebrauchen sei. Doch wer einmal einen lange im Eichenfass gereiften Malvasia probiert und die leicht oxydierten Geschmacksexplosionen aus Karamell, Nuss und Honig erlebt, der ahnt, wovon Churchill schwärmte. Oder warum die amerikanischen Gründerväter die Unabhängigkeitserklärung der USA mit Madeirawein begossen. Er ist wirklich eine Besonderheit. Vor allem, wenn er auf die inzwischen seltene, aber althergebrachte Methode hergestellt wurde.

Einmal über den Äquator, bitte!

Am Weinhandel auf Madeira waren schon immer die Engländer beteiligt, alte Handelsverträge erlaubten ihnen ab dem frühen 18. Jh. eine regelrechte Einmischung in die Weinproduktion der Insel. Und so kam es, dass der auf Madeira gereifte Wein reichlich ins Commonwealth geliefert wurde. Eines Tages konnte eine Ladung nicht gelöscht

Der weltberühmte Madeirawein wird üblicherweise nicht zum Essen, sondern als Apertif oder Digestif getrunken.

werden, der Wein drohte bereits umzukippen, bis jemand auf Idee kam, ihn mit Rum (der auf Schiffen ja nie fehlte) zu stabilisieren. Man schipperte weiter. Dann probierte einer der englischen Seeleute den Wein – und siehe da: Er schmeckte fantastisch! Es wurde beschlossen, alle Madeiras mit Branntwein zu versetzen und die besten Flaschen erst einmal über die Weltmeere zu schiffen (die sogenannte »Torna Viagem«), bevor man sie teuer verkaufte.

Der Madeirawein war geboren – dank der drei Faktoren Alkohol (zum Stoppen der Gärung), Zeit (so eine Schiffsreise dauerte natürlich) und Wärme (im Schiffsbauch hatte es leicht 40°C). Irgendwann kam dann jemand auf die Idee, dass man die Wärme auch einfacher auf Madeira haben könnte, und seitdem reifen die edlen Weine über Jahre und Jahrzehnte auf den warmen Dachböden der Weinproduzenten der Insel.

Stahltank oder Eichenfass?

Nicht alles, was heute unter dem Namen Madeira auf den Markt kommt, ist allerdings so hochwertig. Bereits im 19. Jh. führten die ersten Hersteller die viel billigere Rebsorte Tinta Negra Mole ein. Die einst edlen Tropfen eigneten sich fortan immer öfter nur noch für die Bratensoße.

Und rund 90 Prozent des Madeiraweins werden heute mit der kostengünstigeren Estufagem-Methode produziert. Dabei wird der Wein ganz einfach drei Monate lang im Edelstahlbehälter oder Betontank auf knapp 50 °C erhitzt.

Die Folge dieser Sparmaßnahmen: In den vergangenen 30 Jahren gingen die Absätze rapide zurück,

Ein alter Madeira sollte 24 bis 48 Stunden vor dem Servieren dekantiert werden.

Die wichtigsten Rebsorten

Tinta Negra Mole: Aus dieser roten Rebsorte werden etwa 90 Prozent des gesamten Madeiraweins hergestellt. Die »schwarze Samtige« imitiert mit den Geschmacksrichtungen dry (trocken), medium-dry (halbtrocken), medium-sweet (halbsüß) und sweet (süß) die edleren Sorten:
Malmsey oder Malvasia ist der süßeste und dunkelste Madeirawein. Der üppige Geschmack passt besonders gut zu einem süßen Dessert und zum Abschluss eines Essens.
Bual ist karamellfarben, reich und duftig. Er ist nicht ganz so süß Malmsey, eignet sich aber auch als Dessertwein.
Verdelho ist halbtrockenen und erinnert etwas an Honig, Nüsse, Trockenfrüchte, Kaffee und Schokolade. Er wächst an der Nordseite und wird als Aperitif getrunken.
Sercial, der trockenste Madeirawein, ist jung aufgrund seiner Säure kaum trinkbar. Gut gereift gibt er einen hervorragenden, nussigen Aperitif.

von fünf auf aktuell nur noch rund drei Millionen Liter jährlich.

Es gibt sie aber noch, die echten Madeiraweine. Bei der klassischen, sogenannten Canteiro-Methode reift der aufgespritete, also mit Alkohol angereicherte Wein, von Anfang an im Fass unter dem Dach der Adega, mindestens fünf Jahre lang. Doch meistens gönnt man diesen edlen Weinen eine sehr viel längere Zeit (Vintage-Jahrgängen mindestens 20 Jahre!), den jährlichen Volumenverlust im Holzfass von etwa drei Prozent muss man in Kauf nehmen. Qualität hat eben ihren Preis.

Wer einen im Canteiro-Verfahren erhitzten, 15 Jahre alten Sercial, Verdelho, Boal oder Malvasia kauft und auf einen guten Hersteller achtet, der darf sich auf ein phänomenales Geschmackserlebnis mit Noten aus Malz, Karamell, Vanille, süßen Mandeln, Rosinen und kandierten Früchten freuen. Aber um 50 Euro wird so ein Wein immer kosten. Eine grandiose Erinnerung …

Einmal in der Flasche, sollte ein solcher Madeirawein im Gegensatz zu den meisten anderen Weinen stehend gelagert werden, um den Gasaustausch so minimal wie möglich zu halten. Ist die Flasche geöffnet, müssen Sie sich nicht beeilen, ihn zu trinken. Er ist so stabil, dass Sie die Flasche nach jedem wertvollen Schluck wieder verschließen, wegstellen und ein andermal weiter genießen können.

Vom Aussichtspunkt der Appartement- und Villensiedlung Palheiro Village legt sich der Sonnenuntergang besonders plakativ über die Stadt Funchal.

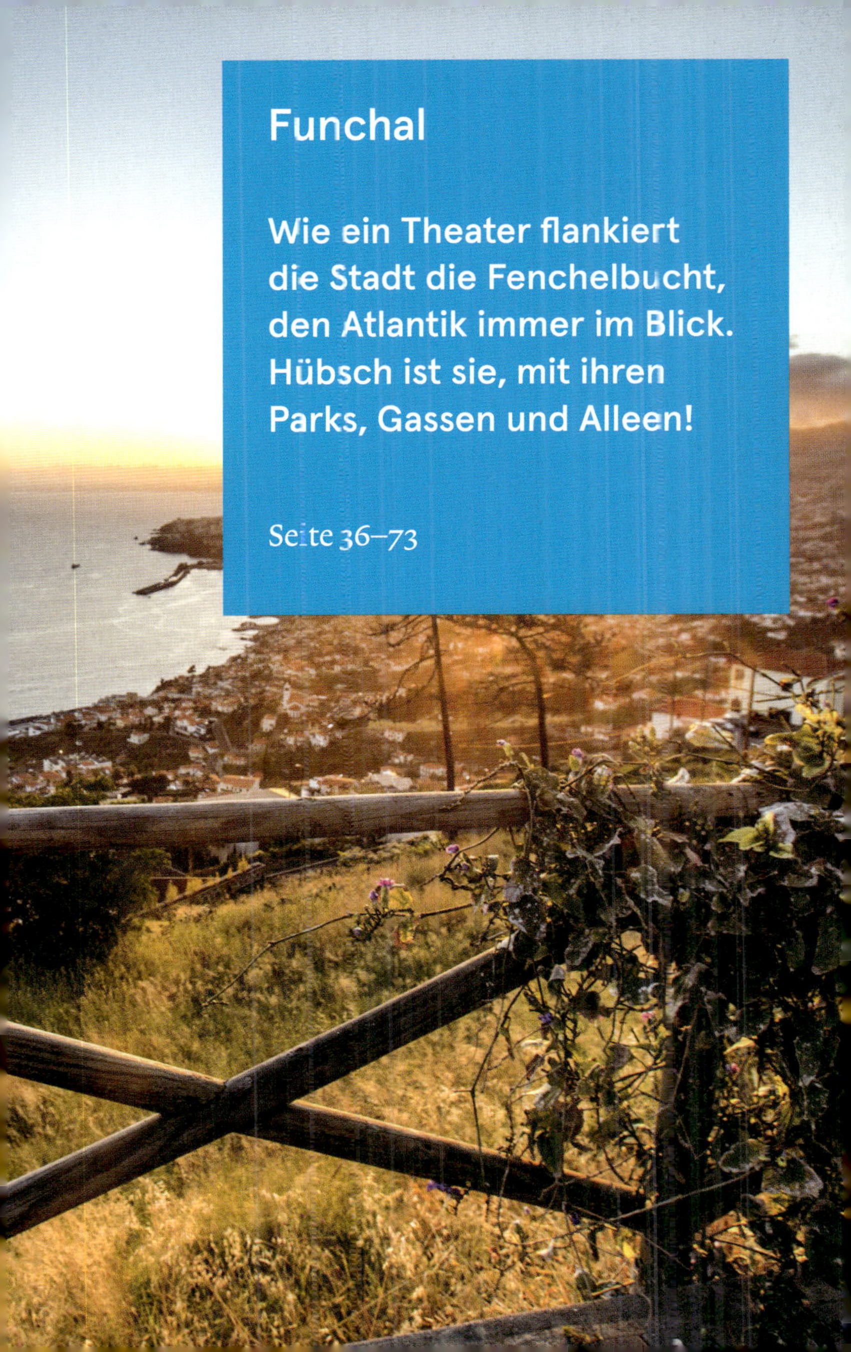

Funchal

Wie ein Theater flankiert die Stadt die Fenchelbucht, den Atlantik immer im Blick. Hübsch ist sie, mit ihren Parks, Gassen und Alleen!

Seite 36–73

Erste Orientierung

Funchal, die Inselkapitale, liegt bildschön zwischen steilen Hängen und dem Meer. Das ganze Jahr über genießen Sie dort viel Sonnenschein. Für zahlreiche Besucher ist die Stadt mit ihren eleganten Geschäften, stimmungsvollen Cafés und einem belebten Markt die perfekte Basis für Wanderungen und Ausflüge.

Das Herz von Funchal bildet die Kathedrale. Von dort verläuft die Avenida Arriaga nach Westen – achten Sie auf die *calçada portuguesa*, die dekorative Pflasterung aus hellem Kalkstein und dunklem Basalt. Jacarandas spenden Schatten und blühen im Frühjahr leuchtend blau. Die Straße wird zur Avenida do Infante und führt weiter zum Hotelbezirk. Etwas südlich der Kathedrale Sé liegt die Uferstraße, die von den Einheimischen nach wie vor Avenida do Mar genannt wird. Folgen Sie ihr in Richtung Osten, so gelangen Sie in die belebte Altstadt »Zona Velha«; einst ein armes Fischerquartier, heute das angesagte Ausgehviertel. Die Uferlinie mit den drei Flussmündungen wurde nach dem großen Unwetter von 2010 komplett umgestalt, dabei entstanden auch neue Grünanlagen und eine weitere Anlegestelle für Kreuzfahrtschiffe.

TOP 10

❶ ★★ Zona Velha
❼ ★★ Quinta das Cruzes
❿ ★★ Blandy's Wine Lodge

Nicht verpassen!

⓫ Casa-Museu Frederico de Freitas
⓬ Museu de Arte Sacra
⓭ Mercado dos Lavradores

Nach Lust und Laune!

14 Universo de Memórias
15 Fortaleza do Pico
16 Convento de Santa Clara
17 Museu de História Natural
18 Museu CR7
19 Igreja do Colégio
20 Museu Henrique e Francisco Franco
21 Stickereimuseum im Núcleo Museológico do IVBAM
22 Museu de Electricidade Casa da Luz

23 Madeira Story Centre
24 Sé (Kathedrale)
25 Museu A Cidade do Açucar
26 Parque de Santa Catarina
27 Quinta Vigia

Mein Tag bei Regenwetter

Wenn Sie nicht gerade im Hochsommer nach Madeira reisen, kann es auch mal passieren, dass Sie einen nassgrauen Regentag erwischen. Dann macht das Erkunden der Naturschönheiten wenig Spaß – doch in der Hauptstadt können Sie trotz Regen einen erlebnisreichen Tag verbringen!

9 Uhr: Buntes Obst gegen trübes Wetter

Wenn nicht gerade Sonntag ist, können Sie sich zunächst ausführlich dem ⓭ Mercado dos Lavradores (S. 56) widmen: In der überdachten Markthalle heben die vielen farbenfrohen Früchte und das hoffnungsvolle Grün des Gemüses augenblicklich die Stimmung. In der angeschlossenen Fischhalle haben Sie Gelegenheit, den Degenfischen in die Glubschaugen zu schauen, bevor es weitergeht ins nur wenige Schritte entfernte 23 Madeira Story Centre (S. 63) inmitten der Altstadt. Es ist viel mehr als ein Museum, hier erfahren Sie spannende Anekdoten und faszinierende Details aus der Geschichte der Insel. Im gut sortierten Souvenirshop finden Sie sicher das eine oder andere Mitbringsel.

12 Uhr: Zucker – zum Versüßen des Tages

Bis zur Praça Colombo sind es nur 500 Meter, doch sollte es zu sehr schütten, stehen ein paar Meter vom Story Centre entfernt auch Taxen bereit. Am Praça da Colombo (Kolumbusplatz) sind Sie von gelb leuchtenden Fassaden einstiger Handelshäuser umgeben – Sie sind mitten in der Zuckerstadt! Hier

18 Uhr: Stimmungsvolle Musik und eine besondere Galerie

9 Uhr: Buntes Obst gegen trübes Wetter

20 Uhr: Ein einzigartiges Dinner

12 Uhr: Zucker – zum Versüßen des Tages

15 Uhr: Wundersamer Wein

Betört Auge und Gaumen gleichermaßen: der Mercado dos Lavradores mit seinen bunten Obstständen

wurde im 15. Jh. das weiße Gold gehandelt, mit dem Madeira zu seinem frühen Reichtum kam. Das Stadtwappen, das als Mosaik in den Platz gepflastert wurde, zeigt ein Kreuz aus fünf Zuckerhüten, später kamen noch die Weinreben in den vier Ecken hinzu. Bei einem Besuch des 25 Museu A Cidade do Açúcar tauchen Sie ein in die Geschichte des Zuckers auf Madeira. Danach haben Sie sich eine süße (oder deftige) Stärkung verdient: Machen Sie es sich zum Mittagssnack im sympathischen Teehaus Loja do Chá bei Tee und Kuchen gemütlich.

15 Uhr: Wundersamer Wein

Manchmal hilft bei Regen ja, sich das Wetter schön zu trinken. Na denn, auf zu 10 ★★ Blandy's Wine Lodge, einer der größten Madeiraweinkellereien! Um 15.45 Uhr gibt's eine deutschsprachige Führung. Natürlich dürfen Sie das süße Ergebnis anschließend auch mal probieren, zwei Weine sind in dem Eintrittspreis für die Tour enthalten. Wenn es Ihnen geschmeckt hat, können Sie auch einfach noch ein bisschen in der Probierstube sitzen bleiben und noch den ein oder anderen weiteren Madeirawein testen.

Süße Kombi: Madeirawein mit dem typischen Honigkuchen Bolo de Mel

Flüssige Schätze: der große Verkostungsraum von Blandy's Wine Lodge

18 Uhr: Stimmungsvolle Musik und eine besondere Galerie

Schöne Melodien sorgen auch bei Regen für gute Laune. In der engagierten englischen Kirchengemeinde werden (außer im August) jeden Abend um 18 Uhr (Sa, So: 18.30 Uhr) Konzerte gegeben: mal Fado, mal Jazz, mal Klassik und mal Rock – freuen Sie sich an der Musik. Und wo wir gerade bei den schönen Künsten sind: Gehen Sie noch ein paar Häuser weiter, hinter der Tür Nr. 33 verbirgt sich eine tolle Galerie mit wechselnden Ausstellungen und einem regen Kulturprogramm.

20 Uhr: Ein einzigartiges Dinner

Zum Abschluss dieses Tages sollten Sie sich auch ein besonderes Essen gönnen. Kein Lokal eignet sich dafür besser als das edle Restaurant Uva (S. 47) im obersten Stock des stylishen The Vine Hotel (S. 67): Probieren Sie sich bei spektakulärer Aussicht über das verregnete Funchal durch kreative Gourmethappen!

i

Holy Trinity Church Madeira:
✉ Rua do Quebra Costas 18;
Mehr Infos zu den Konzerten:
🌐 www.holytrinitychurchmadeira.com/arts

❶ ★★ Zona Velha

Warum?	In der Altstadt gibt es tolle Fotomotive
Was?	In der Fischhalle den Degenfischen tief in die Augen schauen
Wie lange?	Einen halben Tag kann man hier locker verbringen
Wann?	Freitag morgens ist in der Markthalle am meisten los, Samstag abends in den Kneipen
Was noch?	Hier gibt's auch gute Poncha und hochwertigen Fado!
Was nehme ich mit?	Viele Bilder von den bunten Türen

Eine Altstadt wie aus dem Bilderbuch! Viele der einst halbverfallenen Häuser beherbergen heute Kneipen und einladende Restaurants. Bunte Vielfalt finden Sie in der Markthalle und an den Häusern mit farbenfroh bemalten Türen im Viertel.

Die neue Altstadt

Die Zona Velha ist aus dem Dornröschenschlaf erwacht. Das heruntergekommene Fischerviertel hat sich zum beliebten Ausgehviertel gemausert. Einheimische Künstler verschönerten im Rahmen des Projektes »Arte Portas Abertas« die Türen mit kreativen Kunstwerken. Vor allem die Rua de Santa Maria, Funchals älteste Straße, bietet alle paar Meter eine neue bunte Überraschung, am Ende können Sie sich kaum entscheiden, welche Tür die schönste ist. Dass es in der Zona Velha auch noch verfallene Ecken gibt, können Sie von oben sehen, wenn Sie während der Seilbahnfahrt hinauf nach Monte auf teilweise recht morsche Dächer hinunterschauen.

Sehenswertes

Zwar konzentriert sich in der Zona Velha das Nachtleben von Funchal, doch auch tagsüber wird hier einiges geboten. Sehenswert ist zum Beispiel das 22 Elektrizitätsmuseum Casa da Luz, in dem es nicht nur um die Geschichte der Straßenbeleuchtung in Funchal geht, sondern auch um die verschiedenen (nachhaltigen) Energiequellen, die auf der Insel genutzt werden (S. 62). In der Rua Dom Carlos I befindet sich das 23 Madeira Story Centre (S. 63): In dem interaktiven Museum werden Etappen der Inselgeschichte erklärt – vom vulkanischen Ursprung bis heute. Etwas weiter östlich stoßen Sie auf die Capela do Corpo Santo. Diese Kapelle wurde 1559 von einer Bruderschaft der Fischer gegründet, die ihre Mitglieder bei Krankheit und im Alter unterstützte. Das östliche Ende des Bezirks bildet die gelb leuchtende Fortaleza de São Tiago. Sie entstand zwischen 1614 und 1637, als englische und französische Piraten die Insel bedrohten. Gleich östlich des Forts liegt der Complexo Balnear da Barreirinha, eine kleine Badeanlage mit Zugang zum Meer. Hoch darüber thront die Igreja de Socorro. Der ursprüngliche Bau fiel einer Sturmflut zum Opfer; die heutige Kirche mit ihrer eleganten Barockfassade stammt von 1768.

Bunte Köstlichkeiten

Bunte Früchtevielfalt, exotische Düfte und dazu die frechen Sprüche der Händler: Der Bauernmarkt ⓭ Mercado dos Lavradores spricht alle Sinne an, sein Besuch gehört eindeutig zu den intensivsten Eindrücken Funchals. Zu touristisch, zu teuer oder doch ein Highlight der Reise? Machen Sie sich einfach Ihr eigenes Bild.

Gelbe Burg: Im Abendlicht leuchtet die Fassade der Fortaleza de São Tiago.

KLEINE PAUSE

O Regional
✉ Rua Dom Carlos I 54
☎ 291 23 29 56

Quasi jedes zweite Haus in diesem Viertel beherbergt eine Bar, ein Café oder ein Restaurant. Auch wenn ein Spaziergang durch die Gassen wegen der zunehmend aufdringlichen Schlepper vor den Türen manchmal einem Spießrutenlauf ähnelt, lassen Sie sich nicht entmutigen! In manchen Lokalen kann man wirklich gut essen. Dazu gehört das **O Regional**, in dem freundliche Kellner schon zur Vorspeise **bolo de caco** (Süßkartoffelfladenbrot) köstliche hausgemachte Dips servieren.

Capela do Corpo Santo
218 E2
✉ Rua Dom Carlos I
unregelmäßig geöffnet
frei

Complexo Balnear da Barreirinha
218 östl. E2
✉ Largo Socorro
☎ 291 10 50 98
tgl. 9–18 Uhr 2 €

Igreja de Socorro
218 östl. E2
✉ Largo Socorro
abhängig von den Gottesdiensten
frei

Fast jedes zweite Haus in der Zona Velha beherbergt eine Bar.

Dinner über den Dächern

Was für eine Aussicht! Auch der Koch bringt Sie hier zum Staunen. Thomas Faudry im Restaurant Uva des The Vine Hotel lässt sich von typisch madeirischen Gerichten inspirieren. Die Rotbrasse (Pargo) wird zum Beispiel mit Süßkartoffelschaum und Apfelessig aus Prazeres garniert – ein Traum. Dazu empfiehlt Ihnen der Sommelier den passenden Wein, schließlich bedeutet »Uva« Traube, und die zieht sich wie ein roter Faden durch Dinner und Design.
Tel. 291 009 000, https://hotelthevine.com

❼ ★★ Quinta das Cruzes

Warum?	Weil Sie sich hier so gut zum Thema »Schöner Wohnen« und »Mein schöner Garten« inspirieren lassen können
Was?	Gemälde, Schmuck, Möbel, Geschirr – was man halt so braucht im Haushalt
Wann?	Täglich außer montags
Wie lange?	Ein bis zwei Stunden
Was noch?	Nehmen Sie sich auf jeden Fall Zeit für den Garten
Was nehme ich mit?	Leider keine echte Porzellankanne aus der Qing-Dynastie; im Shop gibt's aber (bezahlbare) Repliken

So also lebten die Reichen früher auf Madeira. In dieser Quinta hat sogar mal der Inselentdecker Zarco gewohnt. Na ja, ganz so alt ist das Anwesen nicht, das Sie heute besichtigen können. Es wurde immer wieder verändert. Aber es zeigt eine tolle Sammlung wertvoller Kunst und Möbel. Und es ist ein Paradebeispiel für die Villen der Insel.

»Manuelinik« ist ein ziemlich pompöser Baustil aus der Zeit um 1500, den es so nur in Portugal gab.

Starten Sie in der eindrucksvollen Gartenanlage. Halb überwuchert, wurden in diesem subtropischen Paradies Steinmetzarbeiten des 15. bis 19. Jhs. aus allen Teilen der Insel aufgestellt, darunter der einstige Schandpfahl der Stadt Funchal und zwei manuelinische Fensterbögen. Einen kurzen Besuch wert ist auch die kleine Kapelle (1692) mit einer Pietà des portugiesischen Malers Bento Coelho da Silveira (1618 – 1708). Rechter Hand ruhen, von Steinlöwen getragen, die sterblichen Überreste des genuesischen Kaufmanns Urbano Lomelino (gest. 1518), einem der ersten Ausländer, die sich auf der Insel niederließen.

Villa und Sammlung

Aber was ist denn nun mit Kapitän Zarco, dem Inselentdecker? Ja, die Ursprünge des Anwesens gehen wohl auf das 15. Jh. zurück, er und seine Nachfahren haben hier bis ins 17. Jh. gelebt. Dann ging die Quinta für die folgenden 200 Jahre in den Besitz der Familie Lomelino über, die von einem genuesischen Kaufmann abstammte, und die Villa immer wieder veränderte. In dem heute darin befindlichen

kulturhistorischen Museum bekommen Sie einen guten Eindruck der Lebensverhältnisse wohlhabender Madeirer vom 16. bis zum 19. Jh. Da kann man sich schon mal inspirieren lassen von den originellen, aus Zuckerkisten hergestellten Möbeln. Nicht weniger hübsch sind die Azulejos und das edle Porzellan.

Der Garten der Quinta das Cruzes ist eine romantisch ruhige Oase mit subtropischen Pflanzen, Kieswegen und altmodischen Parkbänken.

KLEINE PAUSE

Der beste Ort, um sich für weitere Besichtigungen zu stärken, ist das private Museum 14 **Universo de Memórias** direkt gegenüber der Quinta. Auf der schattigen Gartenterrasse können Sie sich bei Kaffee, einem Imbiss oder Cocktail entspannen. Wenn Sie bergab immer geradeaus gehen, stoßen Sie auf ein Café im **Jardim Municipal** (S. 21), das im schattigen Garten zu Kaffee, Kuchen und Snacks einlädt.

---

i

218 A1 ✉ Calçada do Pico 1
☎ 291 740670;
http://mqc.gov-madeira.pt
Di–So 10–12.30, 14–17.30 Uhr 3 €

⑩ ★★ Blandy's Wine Lodge

Warum?	Hier stoßen Sie auf echt süße Geheimnisse
Was?	Uralte Weinfässer, ganz viel Zeit und spannende Geschichten
Wie lange?	Mindestens eine Stunde
Wann?	Deutschsprachige Führungen gibt's montags bis freitags um 10:45, 14:45 und 15:45 Uhr, samstags um 10:45 Uhr
Was noch?	Nach der Weinprobe lockt nebenan die sympathische kleinen Einkaufsgalerie Arcadas de São Francisco
Was nehme ich mit?	Na was wohl? Eine Flasche Madeirawein natürlich! Es muss ja nicht die von 1908 sein…

Ein britischer Lebemann hat einmal gesagt, Wein sei der gelungenste Versuch des Menschen, Vergängliches unsterblich zu machen. Einen interessanten Einblick in die (Handwerks-) Kunst dieser magischen Verwandlung bekommen Sie in den Adegas de São Francisco, wo aus gewöhnlichem Traubenmost deliziöser Nektar wird.

Die Kellerei liegt in den erhaltenen Teilen eines Franziskanerklosters aus dem 16. Jh., das die Familie Blandy im 19. Jh. erwerben konnte und zum Standort ihres Weingeschäfts machte. Die glyzinienberankten Holzgebäude, die über Kieswege miteinander verbunden sind, bilden das angemessene Ambiente für einen Ort mit über 150-jähriger Madeirawein-Geschichte.

Führungen

Bevor es los geht, können Sie sich im Jahrgangsraum umschauen. Die derzeit älteste Flasche stammt aus dem Jahr 1908 und kostet etwas mehr als 1000 Euro. Fast ein Schnäppchen! Die Führerin zeigt Ihnen nun die zukünftigen Schätze: im Obergeschoss lagern die Weine der heutigen Generation, die in riesigen Eichenholzfässern reifen. Die Räume bestehen aus massiven Schiffsbohlen: Nur sie sind stark genug, das Gewicht dieser 9000-Liter-Riesenfässer zu tragen.

Sie erfahren, wie konstante Wärme durch Sonneneinstrahlung und Heizrohre den mit Brandy versetzten Wein in den berühmten Madeirawein verwandelt. Schon zwischen den Fässern steigt einem die Mischung aus Eichenholz, Karamell und Brandy in die Nase, die den kräftigen Geschmack und das köstliche Bukett des fertigen Produkts erahnen lässt.

Es folgen Räume mit alten Winzergeräten wie Weinpressen und mit in Leder gebundenen Hauptbüchern aus dem 18. Jh. und in Vitrinen ausgestellten Briefen von Weinkennern wie Sir Winston Churchill. Dieser erhielt übrigens 1950 eine Flasche 1793er-»Napoleon« zum Geschenk. Auf die Frage, was er von dem Wein, der tatsächlich einst dem kriegerischen Korsen gehört hatte, halte, antwortete Churchill, er sei so bezaubernd und vielschichtig wie Marie Antoinette, die bei der Lese dieser Trauben noch am Leben war. Einen ganz so alten Wein bekommen Sie bei der sich nun anschließenden Weinprobe allerdings nicht geboten. Die Probierstube ist benannt nach dem deutschen Maler Max Römer (1878 – 1960), der den Raum 1922 ausschmückte. Sie zeigen die Verarbeitungsschritte von der Traubenlese über Pressung und Fermentierung bis hin zur Abfüllung vor der sonnigen grünen Landschaft Madeiras.

Die teuersten Madeiraweine reifen in Eichenfässern.

KLEINE PAUSE

Neben der Weinkellerei liegt der erholsam friedliche und baumbeschattete **Jardim Municipal** (S. 21) mit einem Freiluftcafé, in dem Sie sich bei leckeren Snacks stärken können.

---

218 B2 Avenida Arriaga 28
291 22 89 78
www.blandyswinelodge.com
Verkaufsraum, Weinprobierstube und Hauptgebäude: Mo–Fr 10 bis 18.30, Sa 10–13 Uhr; Führungen auf deutsch: Mo–Fr 10.45, 14.45 und 15.45, Sa 10.45 Uhr
in der Max Romer Bar (auch Weinprobe) wird Madeira glasweise verkauft (€–€€€ je nach Jahrgang)
Führungen 5,90 €, sonst frei

⓫ Casa-Museu Frederico de Freitas

Warum?	Bewundern Sie hier, wohin Sammelleidenschaft führen kann
Was?	Uralte Azulejos (Fliesen), edle Möbel und so manche Schätze
Wie lange?	Etwa eine Stunde
Wann?	Täglich außer montags
Was noch?	Dr. Freitas Lieblingsplatz könnte auch Ihrer werden: das Sonnenzimmer
Was nehme ich mit?	Am liebsten eine der hübschen Fliesen! Weil das nicht geht, tut´s auch eine Postkarte aus dem Museumsshop

Da muss man dem wohlhabenden Rechtsanwalt Dr. Frederico de Freitas danken – er hat der Nachwelt eine wirklich spektakuläre Sammlung hinterlassen. Er vermachte der Stadt mit seinem Tod 1978 nicht nur sein Anwesen, den einstigen Herrensitz der Grafen von Calçada aus dem 17. Jh., sondern auch eine Menge schöner Fliesen, Keramiken und andere Kunstobjekte.

Viele traditionelle Azulejos zeigen ländliche Motive.

Casa de Calçada

Das Haus ist originalgetreu im Stil seiner Zeit eingerichtet und zeigt Möbel, Gemälde und Gebrauchsgegenstände. Wer sich etwas Zeit nimmt, der wird dort manche Kostbarkeit entdecken: eine Laliquevase hier, eine zarte altchinesische Schale dort. Viel Zeit verbrachten Frederico de Freitas und seine Frau in dem hübschen Sonnenzimmer, einem wintergartenähnlichen Raum mit Glasdach und zahlreichen Farnen, den man durch Jugendstiltüren betritt.

Casa dos Azulejos

Die Casa dos Azulejos nebenan beherbergt die beeindruckende Fliesensammlung des Mäzens. *Azulejos* sind die typischen spanischen und portugiesischen Keramikfliesen, die seit Anfang des 16. Jhs. auf dem Festland hergestellt wurden. Aus dieser Zeit stammen etwa die Fliesen an der Turmspitze der Kathedrale von Funchal. Die meisten Azulejos, die man heute auf Madeira sieht, stammen allerdings aus neuerer Zeit und im Allgemeinen aus Massenproduktion. Hübsch anzusehen sind sie trotzdem, aber einen wirklichen Eindruck dieser Kunst erhält man hier im Museu Frederico de Freitas. Die Casa dos Azulejos, deren Glaswände einen zauberhaften Blick auf die umliegenden Gärten und Dachlandschaften erlauben, gibt einen stimmungsvollen Rahmen für die bedeutende Sammlung. Viele der seltensten und kostbarsten Stücke stammen aus den beiden Santa-Clara-Klöstern (eines neben dem Museum, das andere musste in den 1960er-Jahren dem Flughafen weichen).

KLEINE PAUSE

Im kleinen, aber feinen Garten können Sie sich niederlassen und den Frangipani-Baum bewundern. Die hauseigene Cafeteria wird leider nicht bewirtschaftet. Ein Café mit Außenterrasse gibt es im 14 **Universo de Memórias**– gegenüber vom Museum Quinta das Cruzes, oben auf dem Hügel.

---

218 B1
Calçada de Santa Clara 7
291 20 25 78;
www.casamuseuff.blogspot.pt
Di–Sa 10–17.30 Uhr
3 €

⑫ Museu de Arte Sacra

Warum?	Flämische Meister im Atlantik – das gibt's nicht alle Tage!
Was?	Wertvolle Gemälde aus dem 15. Jahrhundert
Wie lange?	Etwa eine Stunde
Wann?	Nicht sonntags, da ist geschlossen
Was noch?	Ein dramatisches silbernes Prozessionskreuz
Was nehme ich mit?	Eine Ahnung, wie wertvoll der Zucker damals war

Wie nur kommen einige der wertvollsten flämischen Gemälde des Mittelalters ausgerechnet nach Madeira? Der Zucker war schuld. Durch ihn konnten sich die reichen madeirischen Zuckerhändler des 15. und 16. Jhs. in Antwerpen die besten Gemälde u. a. von Rogier van der Weyden leisten. Und die können Sie jetzt in diesem Museum bewundern.

Die Sammlung grandioser flämischer Arbeiten im Obergeschoss zählt zu den besten ihrer Art in Europa. Die damaligen Künstler orientierten sich bei ihren Werken an dem, was sie aus eigener Anschauung kannten, und so verwandelte sich etwa das »Jerusalem« im Hintergrund der Kreuzabnahme (von Gerard David und seiner Schule, 1518–1527) in eine Stadt mit typisch flämischen Giebelhäusern – der Tempel gleicht einer gotischen Kirche. Und auf dem um 1520 entstandenen Triptychon der Heiligen Petrus, Paulus und Andreas von Joos van Cleve sieht man eine Mühle, van Cleves Mariä Verkündigung zeigt die werdende Muttergottes neben einer Delfter Vase mit Lilien (als Symbol der Reinheit).

Auf verschiedenen Bildern findet man Porträts der Madeirer Mäzene, die sie in Auftrag gaben. Sie werden gezeigt, wie sie ihren jeweiligen Lieblingsheiligen um Erlösung anflehen. So identifizierte man etwa die Knienden rechts und links der Mitteltafel des Triptychons Die Heiligen Philipp und Johannes (von Pieter Coecke van Aelst, 16. Jh.) als Simão Gonçalves de Câmara (Zarcos Enkelsohn) und seine Gemahlin Isabel Silva.

Im ersten Stock präsentiert das Museum wertvolle Exponate aus dem Kirchenschatz der Kathedrale, darunter ein

fein gearbeitetes manuelinisches Prozessionskreuz aus vergoldetem Silber, ein Geschenk Manuels I. zur Einweihung der Kathedrale von Funchal im Jahr 1514. Das in Lissabon gefertigte Kreuz zeigt die Leidensgeschichte Christi. Nur zehn Zentimeter groß sind die Bildfelder, doch voller Leben und Dramatik; in den kraftvollen Posen der Soldaten zeigt sich die Begeisterung der Renaissance für die Anatomie des menschlichen Körpers.

Zu den beeindruckendsten Werken der im Museum gezeigten flämischen Meister gehören die Joos van Cleve zugeschriebene Petrus-Darstellung (links) und die *Anbetung* eines unbekannten Künstlers.

KLEINE PAUSE

Auf der Rückseite des Museums befindet sich das hervorragende **Museu Café.** Hier gibt´s gesunde und frisch zubereitete Snacks und Mittagsgerichte. Außerdem sitzen Sie unter der hübschen Renaissance-Arkade an der **Praça do Município** einfach schön. Sie datiert wohl aus der Zeit um 1600 und ist damit auch der älteste erhaltene Teil des Gebäudes.
Mo-Do 8-22, Fr, Sa 8-24 Uhr

218 C1 Rua do Bispo 21
291 22 89 00

Mo-Fr 10-17, Sa 10-13 Uhr 5 €
www.museuartesacrafunchal.org

i

⓭ Mercado dos Lavradores

Warum?	Weil hier Farben und Düfte mit Ihren Sinnen Karussell fahren
Was?	Blumen, Obst und saftige Preise
Wie lange?	Eineinhalb Stunden
Wann?	Am besten freitags gleich frühmorgens um 7 Uhr
Was noch?	Das nette Café auf der Dachterrasse
Resümee	Ein Fest für Augen und Nase

Am nordwestlichen Altstadtrand liegt in einem auffälligen Art-déco-Gebäude der »Markt der Bauern«. Vor allem freitags stimmt das, dann verkaufen die Landwirte aus der Region im Innenhof ihre Produkte. Im Inneren der 1940 eröffneten Markthalle werden auf fast zwei Ebenen exotisches Obst, frisches Gemüse und bunte Blumen angeboten. Vieles ist natürlich Folklore; so sind die Blumenverkäuferinnen mit den traditionellen rot-bunten Trachten gekleidet – genau wie auf den blau-weißen Azulejo-Tafeln im Eingangsbereich. Übrigens, so schön die Markthalle auch ist – bei einem Einkauf können Sie schon mal über den Tisch gezogen werden. So ködern die Betreiber der oberen Marktstände Touristen gern mit Gratis-Kostproben von Früchten, die meist gar nicht von der Insel stammen, und ziehen ihnen mit hohen Preisen das Geld aus der Tasche.

Nach hinten schließt sich die marmorverkleidete Fischhalle an, in der unter anderem der schwarze Degenfisch (*peixe espada*) feilgeboten wird.

Rua do Hospital Velho 17
☎ 291 22 13 46
◷ Mo–Sa 12–15, 18–22 Uhr

KLEINE PAUSE

Im schnörkellosen Lokal **A Bica** gegenüber dem Markt sitzen Sie mit Händlern, ansässigen Büroangestellten sowie einzelnen Touristen am Tisch und essen großzügige Portionen Degenfisch, Steak und preiswerte Mittagsmenüs – alles ganz frisch zubereitet.

ℹ

✣ 218 D/E2
✉ Rua Latino Coelho 38
☎ 291 21 40 80
◷ Mo–Do 7–19, Fr bis 20, Sa bis 14 Uhr

Geschäftstüchtig: Die Blumenverkäuferinnen sind stets in Tracht gekleidet. Wohl behütet: Wie man auf dem Bild unten gut erkennt, schlendern auch Touristengruppen gern über den Markt.

Nach Lust und Laune!

14 Universo de Memórias

Die 14 Räume des oft übersehenen Museums gegenüber der Quinta das Cruzes sind bis unter die elegant hohen Decken voll mit Antiquitäten und Nippes aus der Sammlung des Journalisten und einstigen Leiters des Fremdenverkehrsamtes João Carlos Abreu (geb. 1935). Bei dem geführten Rundgang durch die thematisch gestalteten Räume dieser charmanten Villa kommen Sie aus dem Staunen nicht mehr raus. Und Sie erfahren so manche lustige Anekdote über die beeindruckenden Sammlungen. Vom ruhigen Teeraum am Ende des Ganges geht es in den schattigen, kieselgepflasterten Garten.

218 A/B1
Calçada do Pico 2/4 ☎ 291 22 51 22
Mo–Fr 10–17 Uhr 3,50 €

Convento de Santa Clara

15 Fortaleza do Pico

Hoch über der westlichen Innenstadt thront diese massive Festung, die 1622 bis 1640 zur Überwachung des Hafens errichtet wurde. Sie ist erstaunlich gut erhalten, wurde aber lange von der Marine genutzt und war größtenteils gesperrt. Seit die Soldaten abgezogen sind, warten die Funchalesen darauf, dass sie – wie versprochen – der Öffentlichkeit zugänglich gemacht wird. Bisher leider vergeblich, doch wer die steile Calçada do Pico vom Convento de Santa Clara bis ganz nach oben hinaufgeht und dann links in die Rua dos Frias einbiegt, gelangt zu einem sympathischen Café an der Festungsrückseite und zu einem neu angelegten Aussichtspunkt.

218 A1
Rua do Castelo frei

16 Convento de Santa Clara

Azulejos, vergoldete Schnitzarbeiten, Gemälde und Fresken schmücken dieses Kloster aus dem 15. Jhs. Läuten Sie die Glocke neben der Pforte, dann zeigen Ihnen die Nonnen ihre Schätze. Einige sprechen gut Englisch oder Französisch und verkaufen Führer, in denen Sie alles Wichtige nachlesen können. Highlight der Tour ist der untere Chor, eine Privatkapelle der Nonnen, mit schön geschnitztem Gestühl. Die heute im Kloster lebenden Franziskanerinnen betreiben hier auch einen Kindergarten. Ne-

Leuchtender Himmel

Bummeln Sie mal im Dezember durch die weihnachtlich geschmückten Straßen Funchals – die Augen können sich gar nicht satt sehen. Doch das ist noch gar nichts im Vergleich zum Jahreswechsel, wenn um Mitternacht der Himmel über der Bucht bunt leuchtet. Eine perfekte Choreografie von Farben und Formen, am Ufer und entlang der Berghänge, so dass Sie von überall einen tollen Blick auf die funkelnden Kaskaden haben. Ja, Madeira lohnt sich für eine Silvesterreise. Zu Recht gilt dieses Feuerwerk als eins der schönsten der Welt!

Foto gefällig? Im CR7-Museum steht eine lebensgroße Figur von Fußballstar Cristiano Ronaldo.

ben dem Kloster steht die Kirche Santa Clara mit einem aufwendigen gotischen Grabmal, das häufig für das Zarcos gehalten wird; tatsächlich birgt es jedoch die Überreste von Martim Mendes de Vasconcelos (gest. 1493), einem seiner Schwiegersöhne. Die sterblichen Überreste des Madeira-Entdeckers ruhen dagegen zusammen mit denen seiner Frau und seines Sohns vor dem Hochaltar; unter dem dort verlegten Holzboden ist das Grab nicht mehr sichtbar.

218 B1
Calçada de Santa Clara ☎ 291 74 26 02
Mo–Sa 10–12, 15–17 Uhr 2 €

17 Museu de Historia Natural

Dieses kleine Museum gefällt auch Kindern. Das Aquarium im Erdgeschoss beherbergt interessante Vertreter der regionalen Meeresfauna, während eine Treppe höher ausgestopfte Haie, Thunfische und Sonnenfische zu sehen sind. Gezeigt werden auch eine 3D-Karte der Insel und Wandkarten aller Inseln des Archipels. Einen Besuch wert ist schon das elegante Gebäude für sich (beachten Sie vor allem das Treppenhaus). Es entstand Mitte des 18. Jhs. als Stadtsitz der Familie des Grafen von Carvalhal und wird auch Palácio de São Pedro genannt.

218 B1
Rua da Mouraria 31 ☎ 291 22 97 61
Di–So 10–18 Uhr 3,86 €

18 Museu CR7

Der fünfmalige Weltfußballer und Europameister 2016 Cristiano Ronaldo wurde 1985 in Santo António, einem ärmlichen Stadtteil oberhalb von Funchal, geboren. Hier begann seine steile Karriere, die ihn über Lissabon und Manchester nach Madrid und Turin führte. Was wäre die portugiesische *selecção* ohne ihn und seine Tore? Inzwischen gehören »Cristiano« auch mehrere Hotels. Im Erdgeschoss des CR7-Hotels sind sein Museum und die eindrucksvolle Trophäensammlung untergebracht. Neben weit über 100 Ausstellungsstücken und Fotos gibt es auch eine lebensgroße Wachsfigur fürs Fanfoto.

218 A3
Av. Sá Carneiro/Praça do Mar 27
291 639880 www.museucr7.com
Mo–Sa 10–18 Uhr 5 €

19 Igreja do Colégio

Die Kollegiumskirche ist ein Meisterwerk der Fliesenkunst und der flämischen Malerei des 17. Jhs. Das vergoldete Schnitzwerk der Seitenaltäre wird von Reben dominiert. Das erinnert daran, dass die Jesuiten, die dieses Gotteshaus erbauten, einst riesige Weingüter besaßen. Bis zu ihrer Vertreibung 1760 (als englische Kaufleute das Geschäft übernahmen) beherrschten sie die Weinindustrie Madeiras. Die Dekoration beschränkt sich nicht auf die Hauptkirche. In der Sakristei (links vom Altar) sieht man niederländische Fliesenbilder mit Jagdszenen. Von der Decke des Hauptschiffs blicken Himmels-

Die reiche Ausschmückung der Kollegiumskirche bezahlten die Jesuiten mit Madeirawein.

bewohner wie Theaterbesucher aus ihren Logen auf uns Sterbliche herab. In mehreren Seitenkapellen befinden sich die Grabmäler von Stiftern. Wenn Sie die Aussicht vom Glockenturm genießen möchten, steigen Sie die knarrenden Stufen hinauf (Mo-Fr 10-16 Uhr, 1 €).
In das einstige Jesuitenkloster ist inzwischen die Universität von Madeira eingezogen. Von der Rua dos Ferreiros aus können Sie sich den Innenhof anschauen. Die Studentenvereinigung AAUMA bietet kostenlose Kurzführungen an, bei der Sie (auf Deutsch) einen Einblick in die Geschichte des Kollegsgebäudes bekommen (Mo–Fr 10–18 Uhr, Kirchenführungen Mo-Fr 11.30 Uhr, Infos im Lädchen Gaudeamos im rechten Eingangsbereich).

218 C1
Praça do Município · Besuchszeit Kirche Mo–Fr 10–17 Uhr; Messen Mo–Sa 17, So 10, 12 und 17.30 Uhr · frei

20 Museu Henrique e Francisco Franco

Dieses Museum gibt einen guten Überblick über das Lebenswerk des Bildhauers Francisco Franco (1885 – 1955), dessen Monumentalskulpturen man überall in Funchal begegnet, und seines älteren Bruders Henrique Franco (1883 – 1961), der als Maler arbeitete. Auf Madeira geboren, studierten beide in Paris, wo sie in denselben Kreisen wie Picasso, Modigliani und Degas verkehrten. Die hier gezeigten Arbeiten umfassen mehrere Schaffensperioden – von Henrique Francos liebenswerten Porträts bis hin zu Francisco Francos Entwürfen für die öffentlichen Denkmäler in den Parks von Funchal.

218 D1
Rua de João de Deus 13
291 211 090 · Mo–Fr 9.30–18 Uhr
frei

21 Stickereimuseum im IVBAM

In einigen Räumen des IVBAM (Instituto do Vinho, do Bordado e do Artesanato da Madeira), des Instituts für Kunsthandwerk von Madeira, ist ein Stickereimuseum eingerichtet. Präsentiert werden hier edle Stickereien aus dem 19. Jh. wie Taufkleider und Kleider von Kindern wohlhabender Madeirer Familien, aber auch zeitgenössische Arbeiten dieses schönen Kunsthandwerks.

218 E1
Rua do Visconde do Anadia 44
291 211600
Mo–Fr 9.30–12.30 und 14–17.30 Uhr
2,50 €

22 Museu de Electricidade Casa da Luz

Das in einem Kraftwerk aus den 1950er-Jahren untergebrachte Museum dokumentiert das spannende Unterfangen, auch noch die entlegensten Gemeinden auf Madeira mit Strom zu versorgen. Dies erforderte die Anlage neuer Levadas und Stauseen ebenso wie den Bau von entsprechenden Kraftwerken.

Der Bildteppich Allegorie Madeiras im IVBAM besteht aus über sieben Millionen Stichen.

✢ 218 D2
✉ Rua Casa da Luz 2
☎ 291 211480 ◑ Di–Sa 10–12.30, 14–18 Uhr ✦ 2,70 € 🍴 Café (€)

23 Madeira Story Centre

Nahe der Seilbahnstation, im Herzen der Zona Velha, schickt Sie das interaktive Museum auf eine Zeitreise zu den Anfängen Madeiras, lässt teilhaben an der vulkanischen Entstehung der Insel und den wichtigsten historischen Ereignissen. Auch die Besonderheiten der Flora und die Legenden der Vergangenheit kommen nicht zu kurz. Es gibt viele mehrsprachige Informationstafeln zur Geschichte und Anschauungsobjekte für alle Sinne. Sie dürfen auch mal riechen, lauschen und fühlen! Wenn Sie danach hungrig sind, werden Sie im 3. Stock von den Kellnern bestens bedient und haben von der Dachterrasse einen schönen Ausblick über die Altstadt und zur Seilbahn. Im Museumsladen im Erdgeschoss gibt es geschmackvolle Souvenirs.

✢ 218 E2
✉ Rua D. Carlos I 27–29
☎ 291 639083
🌐 www.madeirastorycentre.com
◑ tgl. 9–19 Uhr (Restaurant bis spät am Abend) ✦ 5 €

24 Sé (Kathedrale)

Die Kathedrale (portugiesisch Sé genannt, von lat. *sedes* = Sitz, Bischofssitz) wurde 1514 als erste portugiesische Kathedrale in Übersee eingeweiht. Das eher schlichte, fast strenge Äußere ist bestimmt vom Kontrast aus weißem Wandputz und dunklem Basalt. Über dem gotischen Hauptportal prangt eine schmuckvolle Rosette, ganz oben sieht man das Kreuz des Christusritterordens, dessen Großmeister König Manuel I. war – dieses Kreuz ziert übrigens heute auch die Flagge Madeiras. Den wuchtigen, viereckigen Hauptturm krönt eine in geometrischen Mustern mit Fliesen gedeckte Spitze.

Der Innenraum ist beeindruckend: Der Hauptaltar und die acht Seitenaltäre der dreischiffigen Basilika kamen ebenso wie das Chorgestühl im 16. Jh. aus Flandern und wurden aus den Erlösen des damals so lukrativen Zuckerhandels bezahlt. Besondere Beachtung verdient die prächtige, aus einheimischem Gehölz kunstvoll geschnitzte Decke im Mudéjarstil. Schön sind die Schlusssteine im Chorgewölbe mit dem Christusritterkreuz, dem portugiesischen Wappen und der Armillarsphäre (einem historischen Sternenbahnmodell). Täglich um 11 Uhr füllt sich die Kirche mit Gläubigen, die Messe beginnt. Touristische Rundgänge sind dann nicht mehr erlaubt.

218 C2
Largo da Sé ☎ 291 22 81 55
Mo–Fr 9–12 und 16–17.30, Sa 16.15–17.30, So 10–11 und 16.15–17 Uhr; frei

25 Museu A Cidade do Açúcar

Zucker: Der erste Exportschlager Madeiras ist Thema dieses Museums. Zu sehen sind Grabungsfunde wie zum Beispiel Keramikformen für Zuckerhüte sowie ausführliche Informationen rund um das Thema Zuckerhandel auf Madeira. Letztendlich hat die Insel nach ihrer Entdeckung dank des Zuckers eine große Blütezeit erlebt. An der Stelle des Museums stand einst das Haus von João Esmeraldo (Jean d'Esmenault), eines flämischen Zuckerhändlers. Er beteiligte sich ab dem späten 15. Jh. rege am madeirisch-flämischen Zuckerhandel. Auch wenn Kolumbus 1498 wohl nur wenige Tage hier war, um mit Esmeraldo zu handeln, wurde der Platz nach dem Entdecker Amerikas benannt. Er markiert heute das Zentrum der historischen »Zuckerstadt«.

218 C/D2
Praça Colombo 5
☎ 291 23 69 10
Mo–Fr 9.30–17.30 Uhr; frei

26 Parque de Santa Catarina

Dieser Stadtpark wurde Mitte des 20. Jhs. wunderschön mit Blumenrabatten, Volieren und einem Schwanenteich angelegt, es gibt ein Café und eine Aussichtsterrasse, von der man einen weit reichenden Blick auf den Hafen hat. Die schlichte kleine Capela de Santa Catarina stammt aus dem 17. Jh., das Denkmal daneben zeigt Christoph Kolumbus, der sinnend in die Weite blickt. Im Park stehen auch zwei Skulpturen von Francisco Franco: die Bronzestatue »Sämann« und – Richtung Hafen – ein Denkmal für die beiden portugiesischen Piloten,

Neu gegen alt: Für das Spielcasino von Funchal musste die historische Quinta Vigia weichen.

die 1921 erstmals von Lissabon nach Madeira flogen.

> ✈ 218 A3
> ✉ Avenida do Infante
> ● tgl. 7–21, im Winter 8–19 Uhr ✦ frei
> 🍴 Café (€)

27 Quinta Vigia

Als offizieller Amtssitz und Gästehaus des Präsidenten der madeirischen Regionalregierung ist die an der Westseite des Parque de Santa Catarina gelegene Quinta Vigia in einem besonders prachtvollen Zustand. Sofern nicht gerade ein Empfang stattfindet, dürfen Sie den hübschen Garten besuchen. Er wartet mit sprechenden Papageien (Ihre Kinder werden begeistert sein), schön blühenden Bäumen und einem Oldtimer aus den 1930er-Jahren auf – letzterer steht in einer Garage mit Glasfront. Im Gegensatz zur Quinta kann die Kapelle aus dem 17. Jh. häufig besichtigt werden. Sie ist mit Szenen aus dem Leben Jesu ausgemalt und birgt kostbare blau-weiße Fliesenbilder, die die Wunder des heiligen Dominikus illustrieren. Die ursprüngliche Quinta, in der auch Österreichs Kaiserin »Sisi« nächtigte, stand auf dem Nachbargrundstück, musste aber dem nach Entwürfen des brasilianischen Architekten Oscar Niemeyer gebauten Casino weichen.

> ✈ 218 A3
> ✉ Avenida do Infante
> ● keine regulären Öffnungszeiten; wenn die Tore offen sind, können Sie hineingehen ✦ 1 €

Wohin zum ... Übernachten?

Preise für ein Doppelzimmer pro Nacht:
€ unter 90 Euro
€€ 90–150 Euro
€€€ über 150 Euro

Castanheiro Boutique Hotel €€

Welch grandiose Aussicht! Vom Infinity-Pool auf der Dachterrasse überblicken Sie die Innenstadt Funchals, und in wenigen Schritten sind Sie mittendrin. Aus drei Jahrhunderten stammen die fünf Gebäude, die behutsam in ein durchdesigntes Stadthotel mit 81 Zimmern verwandelt wurden. Bilder und Dekorationen erinnern an die früheren Nutzungen, z.B. als Druckerei oder Backstube.
218 B1 ✉ Rua do Castanheiro 31, Funchal ☎ 291 20 01 00
🌐 www.castanheiroboutiquehotel.com

Enotel Lido €€–€€€

Das familienfreundliche Fünf-Sterne-Hotel mit 317 Zimmern sticht durch sein liebenswürdiges Personal hervor. Es verfügt über ein Konferenzzentrum, einen Spa-Bereich und großzügige Pools. Die Strandpromenade ist über einen Zugang zu erreichen, ein Shuttle-Bus verbindet das Hotel mit der Innenstadt. Nicht selten gibt es günstige Angebote für unter 150 Euro die Nacht.
216 A2 ✉ Rua Simplicio dos Passos Gouveia 29, Funchal
☎ 291 70 20 00 🌐 www.enotellido.com

Hotel Monte Carlo €

Hier scheinen die Uhren schon vor einiger Zeit stehen geblieben zu sein, etwa in den 1960er-Jahren, doch gerade das macht den Charme des Hotels aus. Wer ein Faible für Art Déco-Möbel und alte Fotos hat, bekommt auf Anfrage auch eine kleine kunsthistorische Führung. Nach dem Aufstieg von der Innenstadt hoch zum Hotel werden Sie von der grandiosen Aussicht vom Pool über die Dächer Funchals entschädigt.
216 A2 ✉ Calçada da Saúde 10, Funchal ☎ 291 22 61 31
🌐 http://hotelmontecarlo-madeira.pt

Quinta Jardins do Lago €€€

Dieses charmante Herrenhaus-Hotel auf einem der Hügel über Funchal wurde im Jahr 1750 erbaut. Es bietet alle Annehmlichkeiten eines erstklassigen Hotels – farbenfrohe, gepflegte Gärten, viel Platz, Ruhe, ein hervorragendes Restaurant und Luxus, wohin man schaut. Alle Zimmer verfügen über große Balkone mit Blick auf den Garten. Zu den attraktiven Freizeiteinrichtungen zählen ein großer Süßwasserpool, ein gut ausgestatteter Fitnessraum, eine Sauna, ein türkisches Bad, ein Tennisplatz und Tischtennisplatten.
216 A2 ✉ Rua Dr João Lemos Gomes 29, São Pedro, Funchal
☎ 291 75 01 00 🌐 www.jardinsdolago.com

Quintinha São João €€

Das kleine Hotel (40 Z.) oberhalb des Stadtzentrums von Funchal bietet Luxus ohne Tamtam zu einem fairen Preis. Entspannen Sie im Spa, auf der Sonnenliege am Salzwasserpool im gepflegten Garten oder im Indoorpool auf der verglasten Dachterrasse. Hübsche britische Möbel dekorieren das Anwesen, und im hauseigenen Restaurant *A Morgadinha* können Sie vornehm speisen.
216 A2 ✉ Rua da Levada de São João 4, Funchal ☎ 291 74 09 20
🌐 www.quintinhasaojoao.com

Reid's Palace €€€

Seit das Reid's Palace 1891 zahlenden Gästen seine Pforten öffnete, hat es viele Berühmtheiten beherbergt. Ob Sie dazugehören,

Edel: Candlelight-Dinner im Hotel Reid's Palace

merken Sie, wenn man Sie bittet, Ihre Unterschrift neben die von Winston Churchill oder Grace Kelly ins Goldene Buch des Hotels zu setzen. Das Hotel bietet Zimmer mit grandioser Aussicht, perfektem Service und eine clubartige Atmosphäre. Außerhalb der Saison wird dieser Luxus etwas erschwinglicher. Vergessen Sie aber nicht, Abendkleidung für das Dinner einzupacken. Und eine Badehose, denn zu den Highlights gehört auch die tolle Pool- und Gartenanlage auf der Klippe am Rand der Bucht von Funchal.
216 A1 Estrada Monumental 139, Funchal 291 71 71 71
www.belmond.com/reids-palace-madeira

Residencial Mariazinha €
Zentraler geht es kaum: Das kleine Gästehaus (10 Z.) befindet sich im Herzen des Ausgehviertels Zona Velha, die Zimmer sind dennoch überraschend ruhig. Zur Meeresbadeanlage Barreirinha laufen Sie fünf Minuten, ebenso wie zur Seilbahn nach Monte.
218 E3 Rua de Santa Maria 155, Funchal 291 22 02 39
www.residencialmariazinha.com

The Vine €€€
Dieses angesagte Hotel ist Teil des La Vie-Shoppingcenters und bietet alles, was das Herz an ultra-coolen Herbergen begehrt. Die 79 Räume sind innovativ und minimalistisch gestaltet, mit Wasserfallduschen, flippigen Farben und gedämpftem Licht; die Hälfte mit grandiosem Blick über Funchal. Auf die Kultur Madeiras verweisen die Kieselböden; der Pool auf dem Dach ist beheizt und das Wellness-Center einer der besten Orte in der Stadt, um sich massieren zu lassen.
218 A3 Rua das Aranhas 27, Funchal
291 00 90 00 www.hotelthevine.com

Windsor €
Sehr gutes Preis-Leistungs-Verhältnis mitten im Herzen der Stadt und bei Geschäftsreisenden wie Urlaubern gleichermaßen beliebt. Hinter der wuchtigen Fassade verbirgt sich ein überraschend schlichtes Interieur. Es gibt einen winzigen Pool auf dem Dach, Parkmöglichkeiten und eine Bar. Das Hotel gehört zu einer Kette, die mehrere Häuser in derselben Straße hat. Ist das Windsor belegt, erkundigen Sie sich am besten nach einem Zimmer im Hotel do Centro oder im Residencial Greco.
218 D1 Rua das Hortas 4-C, Funchal 291 23 30 81
www.hotelwindsorgroup.pt

Wohin zum ... Essen und Trinken?

Preise für ein Essen (ohne Getränke und Service):

€	unter 15 Euro
€€	15–30 Euro
€€€	über 30 Euro

A Bica €
siehe S. 56 (Kleine Pause)

Arco Velho €
Das auch von vielen Einheimischen geschätzte Altstadtlokal hat auch einen Außenbereich. Die Portionen sind reichlich, die günstigsten Gerichte manchmal die besten (im Sommer etwa gegrillte Sardinen).
218 E2 Rua Dom Carlos I 42
291 61 06 51 tgl. 10–24 Uhr

Armazém do Sal €€
Wenn Sie einen besonderen Anlass haben oder mal so richtig stil- und stimmungsvoll speisen möchten – dann besuchen Sie dieses ehemalige Salzlagerhaus mit seinen alten Balken und dem guten Weinkeller. Beim Degustationsmenü machen Sie eine kulinarische Wanderung über die Insel, Sie können die farbenfroh und exquisit zubereiteten Gerichte aber auch à-lá-carte bestellen.
218 D2 Rua da Alfândega 135
291 24 12 85 www.armazemdosal.com
Mo–Fr 12–15, 18.30–23, Sa 18.30–23 Uhr

Arsénio's €€
Dieses Lokal verdankt seine Bekanntheit zum einen dem Besitzer, der gleich beim Eingang am Grill appetitfördernd Fischspießchen zubereitet, zum anderen den

allabendlichen Fado-Darbietungen. Eine winzige Terrasse mit ein paar Tischen bietet Einblick in die Küche. Die Tische im eher dunklen, fensterlosen Innenraum stehen nach Tradition der Fado-Häuser recht eng beieinander. Zwischen 20 und 22 Uhr heißt es immer wieder »Silêncio, que se vai cantar o fado« – dann lauschen Sie schweigend den schmachtenden Klängen.
218 E2 Rua de Santa Maria 169
291 22 40 07 tgl. 12–23.30 Uhr

Bar do Avô €
Der »Opa«, besser gesagt der emsige Wirt Senhor Ricardo, sammelt Fan-Schals aller denkbarer Fußballmannschaften, inzwischen ist es die größte Sammlung Europas, aber darüber hinaus serviert er auch leckere regionale Köstlichkeiten. Das Ambiente ist familiär, und die Lage in einer Seitenstraße der Praça do Colombo zentral, aber ruhig.
218 C2 Rua da Praia 49a
291 63 26 51 tgl. 8–1 Uhr

Beerhouse €€
Das zeltförmige Gebäude am Westende der Marina ist berühmt für sein selbst gebrautes Bier und die hervorragende Meeresfrüchtekarte, auf der in der Regel auch ein »Fang des Tages« angeboten wird. Hier können Sie *açorda* probieren, ein typisch portugiesisches Gericht auf der Basis einer mit Krabben und Hummer verfeinerten köstlichen Brotsuppe.
218 B3 Pontão de São Lazaro
291 22 90 11 tgl. 9.30–24 Uhr, Wochenende bis 2, im Sommer bis 4 Uhr

Casa Portuguesa €€
Das Restaurant in einem hübschen Stadthaus mit weißen Wänden und weißblauen Kacheln ist eleganter eingerichtet als die meisten Lokale der Umgebung. Auf der Speisekarte stehen Fisch und Meeresfrüchte vom Grill, aber auch andere portugiesische Gerichte, darunter *caldeirada* (Fisch mit Knoblauch) sowie diverse Steaks. Das Angebot für Vegetarier (etwa: Crêpes mit Gemüse) ist dagegen eher dürftig.
218 E2 Travessa das Torres 30
291 22 84 46 tgl. 18–23 Uhr

Casa Velha €€€
Versteckt in einer Gasse hinter dem Hotel Savoy liegt dieses romantische Restaurant in einem üppig grünen Garten in den oberen Räumen eines alten Hauses. Blütenduft zieht herauf, alte Ventilatoren bringen die Luft zum Zirkulieren, während Sie sich den flambierten Degenfisch oder die Langusten-Pasta munden lassen. Im Erdgeschoss werden in einer holzgetäfelten Bar Cocktails und kleinere Mahlzeiten serviert.
216 A2 Rua Imperatriz D. Amelia 69
291 20 56 07
www.casavelharestaurant.com
tgl. 13–15, 18.30–22.30 Uhr

Restaurante dos Combatentes €–€€
Kleines, gepflegtes Stadtrestaurant am Jardim Municipal. Es hat gute regionale und internationale Küche auf der Speisekarte und ordentliche Weinempfehlungen.
218 B2 Rua Ivens 1 291 22 13 88
Mo–Sa 12–15.30, 18–22.30 Uhr

Gavião Novo €€
Wer Fischgerichte mag, der kann hier nichts falsch machen. Die Tageskarte richtet sich danach, was den örtlichen Fischern ins Netz gegangen ist. Selbst wenn Sie den Namen des Fisches noch nie gehört haben sollten – gegrillt, mit Olivenöl und Zitrone serviert, schmeckt er hier überaus delikat.
218 E2 Rua de Santa Maria 131
291 22 92 38 www.gaviaonovo.com
tgl. 11–23 Uhr

Lá Ao Fundo €€
Noch eine innovative Neuentdeckung der Zona Velha! Hier gibt es Fusion-Küche vom Feinsten, in den aufwendigen Gerichten lassen sich Gewürze aus Afrika und Indien finden. Selten kann man auf Madeira so geschmackvoll speisen.
218 E2 Rua Portão de São Tiago 17
291 64 43 07 www.facebook.com/LaAoFundo tgl. 12–23.30 Uhr

Londres €€
Das schlichte Restaurant ist bei den Einheimischen sehr beliebt. Die freundlichen (und vielsprachigen) Bedienungen behandeln

jeden Besucher wie einen Stammgast. Gern beschreiben sie Ihnen die Gerichte und helfen bei der Wahl. Serviert wird authentische portugiesische Küche. Immer eine gute Wahl: das stets frische Fischgericht des Tages.
218 B2 Rua da Carreira 64A
291 23 53 29
Mo–Sa 11.45–15.45, 18–22 Uhr

Marina Terrace €–€€
Der Top-Tipp unter den Lokalen im Jachthafen. Das freundliche Personal serviert frische Köstlichkeiten zu einem guten Preis-Leistungsverhältnis. Sollte es auf der Terrasse zu kalt sein, sitzt man auch im azulejogeschmückten Innenraum sehr gut.
218 B3 Marina de Funchal
291 23 05 47
www.marinaterrace.pt
tgl. 11–24 Uhr

Riso €€
Hier gibt es Reis, Reis und nochmals Reis – der perfekte Ort für Risotto, Reis aus Portugal und aus der ganzen Welt. Sogar in den Desserts findet sich noch Reis – von reichhaltiger Eiscreme mit schwarzem Thai-Reis, Kokosnussmilch und Mango bis zu Tiramisu mit Puffreis. Die Lage auf einer Terrasse über dem Meer direkt hinter dem Fort in der Altstadt ist einfach wunderbar.
218 östl. E2
Rua de Santa Maria 274
291 28 03 60 www.riso-fx.com
tgl. 12–14.30, 19–22.30 Uhr, Terrace Snack Bar 12-17 Uhr

O Tapassol €€
Die gute Küche dieses einfachen, schmucklosen Lokals wurde durch Mundpropaganda so bekannt, dass Sie hier an manchen Tagen reservieren oder schon recht früh erscheinen müssen. Serviert werden herzhafte Gerichte wie Wildkaninchengulasch, dessen Sauce man mit Knoblauchbrot auftunkt. Auch lecker: zarter Tintenfisch in Tomatensauce. Am schönsten speist man auf der Dachterrasse mit Blick über die belebte Altstadt.
218 E2 Rua Dom Carlos I 62
291 22 50 23 tgl. 11–23 Uhr

Türgemälde in der Zona Velha

Uva €€€
siehe Seite 47 (Magischer Moment)

Venda da Donna Maria €€
Dieses heimelige Altstadtlokal beschwört eindrucksvoll die Atmosphäre eines einfachen madeirischen Haushalts herauf: Teller und Möbel, die nicht zusammengehören, karierte Tischdecken und eine Karte mit einfachen, authentischen Gerichten aus saisonalen Zutaten. Sehr beliebt sind die *lapas grelhadas* (gegrillte Napfschnecken). Montags und mittwochs werden Sie zum Abendessen mit Fadoklängen beglückt.
218 E2 Rua de Santa Maria 51
291 62 12 25 Mo–Sa 11–24 Uhr

Xarambinha €
Wer nach all den deftigen regionalen Spezialitäten mal Lust auf etwas Vegetarisches, eine gute Pizza oder ein anderes

italienisches Gericht hat, dem sei dieses angesagte Lokal in der Zona Velha empfohlen. Die Pizzenauswahl ist groß, ebenso die Pizzen selbst. Und der lauschige Außenbereich ist jeden Abend gut gefüllt, auch von jungen Madeirern.
218 E2 Largo Corpo Santo 29
291 23 47 77 tgl. 12–23 Uhr

CAFÉS

Funchal Ateneu Café €
Die Einheimischen lieben dieses Café. Es ist weit mehr als ein Ort für eine schnelle *bica* (Espresso). An den Wänden hängen Bilder lokaler Künstler. Mittags verwandelt sich das Café in ein Restaurant mit unschlagbar günstigen Tagesgerichten. In einem kleinen Innenhof lässt sich mitten im Zentrum der Stadt ein bisschen Ruhe genießen.
218 B1 Rua dos Netos 42–48
964 51 48 18 Mo–Fr 8–19 Uhr

Mercearia Dona Mécia €
Zwischen der Avenida Arriaga und dem Shoppingcenter La Vie versteckt sich in einem Innenhof dieses lauschige Vintage-Café, das wie ein kleiner Kaufmannsladen aussieht. In den winzigen Schränkchen gibt es Konservendosen aller Art. Die selbstgemachten Cupcakes, Brownies und herzhaften Tartes passen hervorragend zum Kaffee, Tee oder sogar zur typischen Poncha. Ein perfekter Stopp für eine Bummelpause.
218 B2 Rua dos Aranhas 26
291 22 15 59 www.donamecia.blogspot.pt
Mo–Do 8–22, Fr 8–24, Sa 10–19 Uhr

Wellcom Coffee Bar €
Lassen Sie sich von dem Namen nicht in die Irre führen: hier gibt's viel mehr als nur Kaffee! Zum Beispiel Craftbeer und wirklich köstlich zubereitete kleine Tapas und Snacks, eine sehr nette Atmosphäre und angenehme Musik. Probieren Sie mal die selbstgemachte Limonade – und Marios Poncha!
218 B2/3 Rua dos Murças 16–18,
291 61 90 85 www.facebook.com/wellcomcoffeebar Mo–Do 11–24, Fr 11–2, Sa 11.30–2, So 11.30–24 Uhr

A Confeitaria €
Willkommen im Törtchen-Himmel! Sie sind süß, bunt und klebrig, aber einfach köstlich! Dazu einen Kaffee und das Glück ist perfekt.
218 A3, Avenida do Infante, Edifício Quinta Vitória 28, Loja AH 291 62 13 25
www.facebook.com/confeitariamc
Mo–Fr 7–21, Sa–So 7.30–21 Uhr

Sabores €
Viele Funchalesen nutzen dieses Café auf der hübschen, aber etwas versteckt gelegenen Praça do Carmo für ein schnelles Mittagessen. Dementsprechend voll wird es auf der Terrasse am Mittag, wenn vor allem Tagesgerichte serviert werden. Am Nachmittag in etwas ruhigerer Stimmung empfiehlt es sich für ein leckeres Stück Kuchen oder einen herzhaften Snack.
218 C1 Rua da Conceição 37
291 62 93 00 Mo–Fr 8–23, Sa 8–17 Uhr

Wohin zum … Einkaufen?

SOUVENIRS

Madeira Story Centre
Im Museumsshop finden Sie eine große Auswahl an Andenken aller Art.
218 E2 Rua D. Carlos I 27
291 63 90 81.

Jacarandá
Tolle Taschen und Schuhe aus Kork finden Sie in diesem Laden direkt neben der Kathedrale. Portugal ist der wichtigste Korkproduzent weltweit.
218 C2 Rua da Sé 30 968 06 27 26

Saudade Madeira
Ein paar Meter weiter bieten Tânia und Javier neben Wein und regionalen Produkten auch innovatives Kunsthandwerk an. Hier gibt´s auch regelmäßig kleine Konzerte!
218 C2 Rua João Gago 2 291 23 71 51

Patrício & Gouveia
Angeboten werden vor allem die nebenan

hergestellten Stickereien sowie vieles andere typische Kunsthandwerk und Weine.
⊹ 218 E1
✉ Rua Visconde de Anadia 34 ☎ 291 22 27 23

Filatelia Numismatica

Im Erdgeschoss des leicht heruntergekommenen Marina Shopping Centre befindet sich dieses kleine, aber feine Sammlerparadies voll alter Postkarten, Münzen und Briefmarken.
⊹ 218 B2 ✉ Avenida Arriaga 75

BOUTIQUEN UND MODE

Einkaufszentrum Galerias São Lourenço

Eines der hübschesten Einkaufszentren von Funchal. Bummeln Sie auf der Südseite der Avenida Arriaga am Café des Teatro Municipal vorbei, so gelangen Sie zu diesen rund 20 Boutiquen. Hier gibt es zum Beispiel hübsche Taschen (*Art & Bags, L16*), bequeme Schuhe (*Comfort First, L3*), hochwertige Kinderkleidung (*Girafa Traquina, L15*), bunte Accessoires (*Bohochick, L5*) und schicke Damenmode (*Amora, L7*). Ein zweites nettes Einkaufszentrum mit Modegeschäften wie *Mezka* und *Voyou* liegt gegenüber auf der anderen Straßenseite.
⊹ 218 B2 ✉ Avenida Arriaga 45A

Rua da Carreira

Diese kopfsteingepflasterte Einkaufsstraße liegt bergauf. Neben schönen alten Häusern mit Balkonen lockt dort eine angenehme Mischung traditioneller Läden und moderner Boutiquen ein interessiertes Publikum. Weitere Bekleidungsgeschäfte finden Sie in den Gassen östlich der Kathedrale sowie entlang der Rua da Aljube und der Rua Dr. Fernão de Ornelas.
⊹ 216 B2

MADEIRAWEINE

Blandy's Wine Lodge

siehe S. 42, 50

D'Oliveira

Der Eingangsbogen dieser versteckt hinter einem alten Portal liegenden Kellerei trägt

Vielleicht ist einer von Ihrem Jahrgang dabei?

die Jahreszahl 1619. D'Oliveira ist eine der Traditionskellereien in Funchal, seit 1820 stellt der Familienbetrieb Madeiraweine her. In der Probierstube der »Adega« darf auch verkostet werden. D'Oliveira erwarb zusätzlich die noch urigeren Räumlichkeiten des Nachbarbetriebs *Barros e Sousa*.
⊹ 218 C1
✉ Rua dos Ferreiros, 107 ☎ 291 22 07 84

Henriques & Henriques

Der Betrieb des größten Herstellers von Madeirawein liegt außerhalb der Stadt im Herzen der Weinbergregion. Die Weine können Sie aber auch in den gemütlichen Räumlichkeiten von Saudade Madeira (S. 70) probieren und kaufen.
⊹ 215 E/F2 ✉ Estrada Santa Clara 10, Câmara de Lobos ☎ 291 94 15 51

KAUFHÄUSER/SUPERMÄRKTE

La Vie

Das größte innerstädtische Einkaufszentrum. Hier befindet sich im UG eine große Filiale

des Supermarkts *Pingo Doce*. Dort gibt es neben den üblichen Lebensmitteln auch ein preisgünstiges Café mit frischen Gerichten.
218 A2 Rua Dr. Brito Câmara 9.
Weitere Filiale von Pingo Doce:
217 D2 im *Anadia Shopping*, Rua Visconde de Anadia, gegenüber dem Marktgebäude

TRADITIONELLE ERZEUGNISSE

Mercado dos Lavradores
Traditionelle Handwerksprodukte und Kleidungsstücke eignen sich hervorragend als Mitbringsel. Lederstiefel, wie sie heute die Folkloretanzgruppen tragen und die Levadeiros (die Wärter der Bewässerungskanäle), waren früher das übliche Schuhwerk auf Madeira. Zu kaufen gibt es sie in einem winzigen *Schusterladen* im Marktgebäude. Dort findet man auch preiswerte handgefertigte Sandalen (S. 56).

Bordal Bordados da Madeira
Wenn Sie sich für hochwertige Madeirastickereien interessieren, besuchen Sie diese Fabrik nahe der Markthalle. Dort können Sie die filigranen Stickereien bewundern und erstehen.
218 D2 Rua Dr. Fernão Ornelas 77
www.bordal.pt
Filiale: Avenida do Infante 26b

Fábrica de Santo António
Wie wäre es mit süßen Köstlichkeiten? Diese Manufaktur stellt neben den typischen *bolos de mel* auch alle Arten von wunderbaren handgemachten Bonbons her. Es gibt Eukalyptus, Fenchel, Banane, Kirsche ...
218 C2 Travessa do Forno 27/29
291 22 02 55

OUTDOOR-AUSRÜSTUNG

O Bordão
Wollen Sie Ihre Ausrüstung erweitern oder ersetzen? Hier finden Sie ein breites Spektrum von Schuhen über Rucksäcke bis zu Zeltstangen; das Personal spricht Englisch.
218 B2 Avenida Arriaga 33-47
In den Galerias de São Lourenco (S. 71),
291 28 12 65 www.obordao.com
In den Einkaufszentren *Madeira Shopping, Forum Madeira* und *La Vie* befinden sich große Filialen der Sportausrüstungskette *Sportzone*, die ebenfalls Outdoorabteilungen haben. Hochwertigere Ware, wenn auch weniger Auswahl, gibt es in den kleinen Columbia-Zweigstellen in den Shoppingcentern.

Wohin zum ... Ausgehen?

NACHTCLUBS UND BARS

Café do Teatro
Einheimische treffen sich gern in diesem Café. Die Cocktailbar im Innenhof verwandelt sich am Freitag- und Samstagabend in einen Club. Häufig gibt es Gastauftritte internationaler DJs oder Musiker.
218 B2
Avenida Arriaga
291 22 63 71
www.facebook.com/cafedoteatro

Vespas
In dem altbewährten Club wird vor allem Club- und House-Musik gespielt, dazu gibt es bunte Lasershows.
218 A3 Avenida Sá Craneiro
291 23 48 00
www.discotecavespas.com
Fr, Sa 0–7 Uhr.

Dubai Club
Der angesagte Club befindet sich nicht weit vom Hotel Carlton. Hier wird getanzt, aber auch auf der Terrasse gechillt. Mittwochs gibt es Afro-Latin-Night mit Kizomba, Bachata, Salsa und Merengue.
218 westl. A3 Rua do Favila 5
920 18 06 03
www.facebook.com/dubaiclubmadeira
Di–So 21–6 Uhr

Sabor a Fado
Das authentischste Fado-Haus Madeiras mit kleiner Weinbar in der Altstadt.
218 E2

Die Zona Velha ist in den vergangenen Jahren in Mode gekommen – zum Essen wie zum Ausgehen.

✉ Travessa das Torres 10 ☎ 925 612259
◷ tgl. 18–24 Uhr, Fado ab 19.15 Uhr
Generell ist die Zona Velha in den letzten Jahren sehr in Mode gekommen – nicht nur zum Speisen, sondern auch zum Ausgehen. Bei schönem Wetter verlagert sich das Nachtleben von den Bars hinaus in die Gassen der Zona Velha.

Venda Velha
Eine der zahlreichen Ponchabars, die mit ihren köstlichen Aguardente-Kreationen und fetziger Musik lockt.
✢ 218 E2
✉ Rua de Santa Maria 170
🌐 www.vendavelha.com
◷ So–Do 16–1, Fr–Sa 16–2 Uhr

Revolution Rock Bar
Ganz hervorragend sind die Cocktails in dieser etwas alternativen – und rockigen Bar.
✢ 218 E2
✉ Rua de Santa Maria 144 A
◷ Mo–Sa 17–2 Uhr

Copacabana
Mögliche Gewinne im Spielcasino können Sie gleich in dessen Bar, in der eine Liveband zum Tanz aufspielt, ausgeben.
Auf der Bühne des Casino-Restaurants *Bahia* gibt es donnerstags zum Essen wechselnde internationale Live-Shows.
✢ 218 A3
✉ Avenida do Infante ☎ 291 140424
🌐 www.casinodamadeira.com
◷ So–Do 15–3 Uhr, Fr/Sa 16–4 Uhr,
◷ Restaurant Bahia: Do 19–24 Uhr

KINO UND THEATER

In Funchal gibt es zwei Multiplex-Kinos (*NOS Cinema* im Forum Madeira Shopping Centre und Cine Place im Madeira Shopping Complex). Filme werden meist im Original mit Untertiteln gezeigt
siehe S. 101: »Umgebung von Funchal«

Teatro Municipal Baltazar Diaz
Das hübsche neoklassizistische Theater (1888) ist der wichtigste Ort für Konzerte, Schauspiel (auf Portugiesisch), Ballett, Kunstausstellungen, Filme sowie gelegentliche Shows auf Englisch.
✢ 218 B2
✉ Avenida Arriaga ☎ 291 215130
🌐 teatro.cm-funchal.pt

Eine bezaubernde Symphonie in Grün: die Jardins do Palheiro an der Straße nach Camacha.

Umgebung von Funchal

Erklimmen Sie die Hänge rund um Funchal! Bestaunen Sie die emsig gepflegten Parks und die Aussicht von einer der Steilklippen!

Seite 74–101

Erste Orientierung

Als Funchal über den ursprünglichen Siedlungskern hinauswuchs, dehnte es sich auf die Hügel aus, wo die Straßen Steigungen zwischen 30 und 40 Prozent aufweisen. Dies macht Fußtouren anstrengend und Bus- oder Autofahrten zu einem Abenteuer – aber dafür haben Sie von überall eine schöne Aussicht.

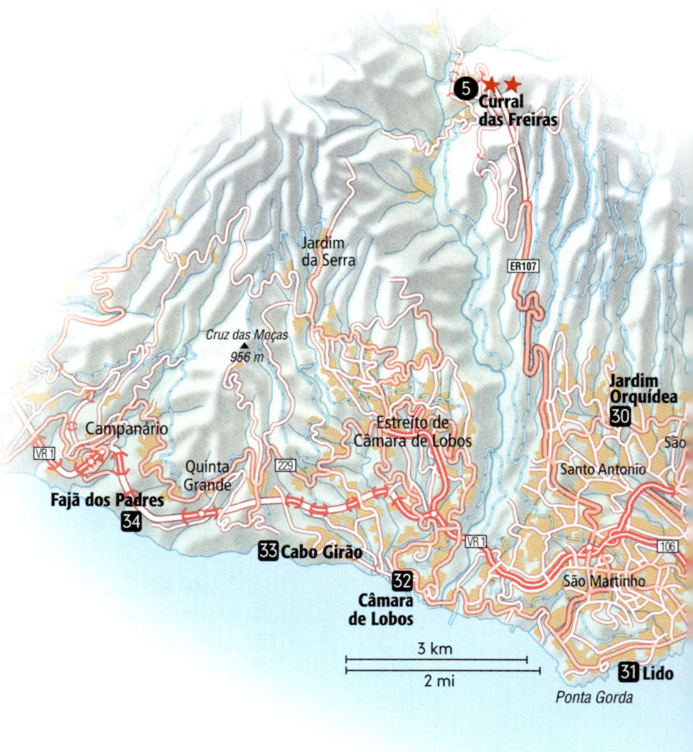

Da die Sehenswürdigkeiten in der Umgebung von Funchal weit auseinanderliegen, sollten Sie für Ihre Besichtigung genügend Zeit einplanen. Die Straßen folgen vorwiegend den Hügelkämmen und Tälern in Nord-Süd-Richtung – es gibt also, abgesehen von der Via Rápida, kaum Ost-West-Verbindungen. Eine schöne Alternative zum Autofahren sind Wanderungen an den *levadas*, den alten Bewässerungskanälen der Insel, die auf verschiedenen Höhen und teilweise mit abenteuerlich ausgesetzten Wegen entlang der Hänge führen. Das hübsche Hügelstädtchen Monte ist mit einer Seilbahn hervorragend zu erreichen. Hoch über den Dächern und steilen Schluchten der Ribeira de João Gomes können Sie nach Monte schweben und dort die herrlichen Gartenanlagen erkunden und dann mit dem traditionellen Korbschlitten nach Funchal zurückkehren. Natürlich verkehren nach wie vor Busse und Taxis, doch ängstliche Gemüter sind mit der Seilbahn besser beraten, da viele Fahrer selbst Haarnadelkurven mit Vollgas nehmen. Eine weitere Seilbahn verbindet Monte mit dem Botanischen Garten von Funchal. Dort kommen Sie aber auch gut per Bus hin.

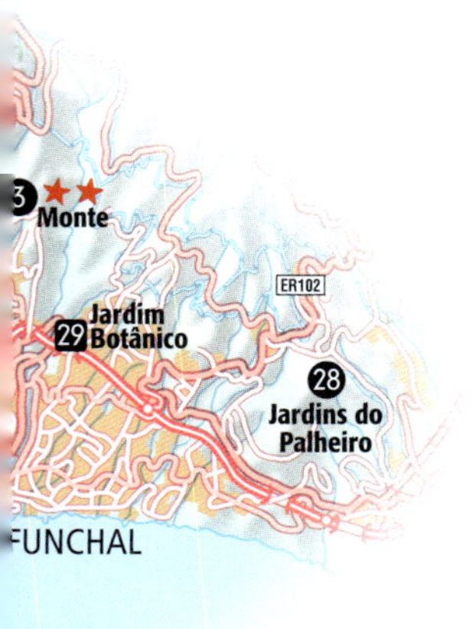

TOP 10

3 ★★ Monte

5 ★★ Curral das Freiras

Nicht verpassen!

28 Jardins do Palheiro

Nach Lust und Laune!

29 Jardim Botânico

30 Jardim Orquidea

31 Lido

32 Câmara de Lobos

33 Cabo Girão

34 Fajã dos Padres

Mein Tag in den Gärten

Die Blumeninsel, der schwimmende Garten im Atlantik…! Sind Sie auch wegen des ewigen Frühlings und der Blütenpracht da? Nach der ersten Ernüchterung, dass es hier nicht nur Blumenbeete und mehr als eine Jahreszeit gibt, genießen Sie einen Tag in den beiden berühmtesten Gartenanlagen der Insel! Sie werden zu jeder Blütezeit etwas Besonderes finden.

9 Uhr: Auf zum Botanischen Garten!

Der 29 Jardim Botânico erstreckt sich oberhalb der Schnellstraße auf einem der Bergrücken von Funchal. Zu Fuß ist es etwas weit, aber Sie kommen mit den Buslinien 29, 31 und 31A der Horários do Funchal bequem hinauf. Auf dem einstigen Privatgelände der Familie Reid, der sogenannten Quinta do Bom Sucesso aus dem 19. Jh., legte die Regionalregierung ab den 1960er-Jahren systematisch einen botanischen Garten an. Er widmet sich schön geordnet unterschiedlichen Pflanzenfamilien und Themen, inzwischen werden etwa 3000 verschiedene Arten gezählt. Der berühmteste Bereich ist der aufwendig gestutzte choreografierte Garten, doch Sie stoßen auch auf eine beeindruckende Sammlung von Sukkulenten und Kakteen. Werfen Sie einen genaueren Blick auf die Nutzpflanzenabteilung: Vielleicht haben Sie die ein oder andere Frucht ja bereits in der Markthalle gesehen! Genießen Sie einen *Galão* (Milchkaffee) im lauschigen Gartencafé, bevor Sie sich weiter hinauf in die Baumabteilung begeben. Hier stehen neben endemischen, also nur hier vor-

16 Uhr: Abstecher zum Kaiser und zur Mutter Gottes

11 Uhr: Per Seilbahn nach Monte

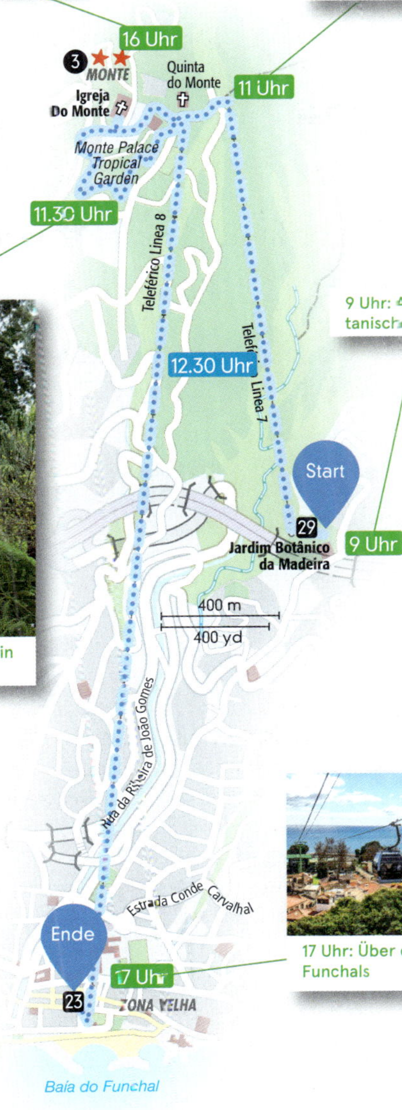

9 Uhr: Auf zum Botanischen Garten!

11.30 Uhr: Ein Garten wie ein Märchenbuch

17 Uhr: Über die Dächer Funchals

kommenden Arten (wie zum Beispiel einem hohen Drachenbaum) Bäume aus aller Welt, die zum Teil gepflanzt wurden, als in dem hübschen Herrenhaus noch keine Sammlung ausgestopfter Tiere, sondern Mister William Reid (der sich mit dem Reid's Palace Hotel einen Lebenstraum erfüllte) persönlich zu Hause war.

11 Uhr: Per Seilbahn nach Monte

Am oberen Ausgang des Botanischen Gartens erwartet Sie nicht nur eine tolle Aussicht, sondern auch die Talstation der Seilbahn, die den Jardim Botânico mit dem etwa 1,6 Kilometer entfernten ❸ ★★ Monte verbindet. Sie schweben knapp zehn Minuten lang, einmal quer über das imposante Tal der Ribeira de João Gomes, und sparen sich so auf spektakuläre Weise einen riesigen Umweg.

An der Bergstation angekommen erwartet Sie zunächst ein kurzer Fußweg – hinauf zum Largo das Babosas, vorbei an der Seilbahnstation des Teleférico do Funchal (der Seilbahn, mit der wir später hinunter nach Funchal fahren) und weiter zum Eingang des Monte Palace Tropical Garden (S. 84).

Unerwartet: die Japanische Pagode im Monte Palace Topical Garden (oben)

Exotisch: eine Strelitzie im botanischen Garten (links)

Fantastisch: Dieser Lebombo-Baumfarn im Monte Palace Tropical Garden stammt aus Südafrika.

11.30 Uhr: Ein Garten wie ein Märchenbuch

Gut, dass der Tag noch lang ist! In diesem zauberhaften Park können Sie ohne Probleme einige Stunden verbringen. Für manche ist der Garten, der ab 1987 im Auftrag des madeirischen Millionärs José Berardo auf dem einstigen Gelände des Monte Palace Hotels angelegt wurde, einfach nur ein unzusammenhängendes Sammelsurium. Lassen Sie sich davon nicht stören und genießen Sie einfach die chaotische Pracht, die der Goldhändler aus seiner zweiten Heimat Südafrika, aus Asien und aus anderen Teilen der Welt zusammengetragen hat. Azulejos, Vasen, Figuren und Skulpturen, wertvolle Koi-Fische, glitzernde Mineralien – und dazwischen exotische Bäume und Pflanzen... Verlieren Sie sich zwischen den Wasserläufen, Teichen und Fischbecken, fühlen Sie sich für ein paar Stunden wie in einem Märchen. Wenn der Hunger kommt, versorgen Sie sich in einer der beiden Cafeterias mit Kuchen oder Snacks.

Zum Feiern: Bunt leuchtet das Blütendach über der Treppe zur Wallfahrtskirche Nossa Senhora do Monte.

Zum Beten: Ein Pilger zündet eine Kerze in der Wallfahrtskirche an.

Zum Genießen: Fischgrillplatte mit Kabeljau, Garnelen und Selleriepüree

16 Uhr: Abstecher zum Kaiser und zur Muttergottes

Wo Sie schon mal in Monte sind, sollten Sie auch der Muttergottes von Monte (S. 86) einen Besuch abstatten, immerhin ist sie die Schutzheilige der Insel. Außerdem liegt in der Kapelle auch der letzte Habsburger Kaiser Karl I. begraben, der 1922 im Exil auf Madeira verstarb. Unterhalb der Wallfahrtskirche bieten die berühmten Korbschlittenfahrer ihre Dienste an, heute nehmen Sie aber die Seilbahn und heben sich dieses Erlebnis für einen anderen Tag auf.

17 Uhr: Über die Dächer Funchals

Mit der Seilbahn schweben Sie wieder hinab nach Funchal, Sie landen nach fünfzehnminütiger Fahrt am Rande der Altstadt. Zum Abendessen ist es vielleicht noch etwas früh, doch auf der aussichtsreichen Dachterrasse des 23 Madeira Story Centre bekommen Sie auch um diese Uhrzeit eine herzhafte Mahlzeit zum gelungenen Abschluss Ihres Gartentags!

i

Seilbahn vom Botanischen Garten nach Monte
tgl. 9–17 Uhr, von Monte nach Funchal tgl. 9–17.45 Uhr. Kombiticket für beide Seilbahnen und Botanischen Garten 24 €
http://telefericojardimbotanico.com

③ ★★ Monte

Warum?	Weil Sie hier die Romantik alter Zeiten spüren
Was?	Kaisergrab, Korbschlitten und ein märchenhafter Garten
Wie lange?	Mindestens ein halber Tag, besser länger
Wann?	Sonntags haben die Korbschlittenfahrer frei
Was noch?	Vergessen Sie nicht, sich die irren Funkelsteine in der Mineraliensammlung des Monte Palace Gardens anzuschauen!
Was nehme ich mit?	Die Erkenntnis, dass man Goldfunde auch in einen tollen Park investieren kann

Manchmal liegt Monte tief in den Wolken, doch an schönen Tagen können Sie schon von unten aus die weißen Türme der Wallfahrtskirche erspähen. Hinauf kommen Sie am besten mit der Seilbahn, allein die Fahrt ist ein Erlebnis.

Das Highlight von Monte ist der zauberhafte Monte Palace Tropical Garden. Die Anlage wurde einst vom englischen Konsul Charles Murray im späten 18. Jh. als Quinta do Prazer errichtet und beherbergte später ein Hotel und Verwaltungsbüros. 1987 erwarb der Unternehmer José Berardo das Anwesen. Berardo ist auf Madeira allgemein als »Joe Gold« bekannt, weil er seinen Reichtum dem Gold aus südafrikanischen Minen verdankte. Einen Teil seines Vermögens gab er für die Restaurierung des weitläufigen terrassierten Parks aus. Dabei ließ er einheimische madeirische Bäume, aber auch tropische Exoten pflanzen, Seen und Brunnen sowie Grotten und Staffagebauten anlegen. Das Ergebnis ist eine herrliche Wildnis voller Überraschungen. Tunnels führen zu verborgenen Wasserfällen. Plötzlich stehen Sie inmitten eines asiatischen Gartens oder neben einer Azulejo-Wand aus dem 16. Jh. Apro-

Der fantasievoll gestaltete Monte Palace Tropical Garden steckt voller Überraschungen.

pos Azulejos: Portugals Geschichte ab dem 12. Jh. wird entlang des Geschichtspfads anschaulich als Fliesen-Comic dargestellt! Einzigartig ist auch die Sammlung funkelnder Mineralien und Edelsteine im parkeigenen Museum, werfen Sie unbedingt einen Blick hinein!

Sie gehört einfach dazu: die Korbschlittenfahrt über die steilen Straßen von Monte hinunter nach Livramento.

Unvergessliche Schlittenfahrt

Nicht weit vom Eingang zu den Monte Palace Gärten befindet sich die Abfahrtsstelle für die Korbschlittenfahrten. Ernest Hemingway beschrieb die zwei Kilometer lange Fahrt die steilen Straßen hinunter nach Livramento als eines der aufregendsten Erlebnisse seines Lebens. Die Höchstgeschwindigkeit der zehnminütigen Rutschpartie beträgt 10 km/h, und die Schlittenführer lenken die mit Holzkufen bestückten Gefährte mit nachtwandlerischer Sicherheit talwärts. Das Vergnügen ist nicht gerade billig, doch die Korbschlittenfahrt gehört einfach zu einer Madeirareise.

Wallfahrtskirche

Auf der Terrasse oberhalb der Korbschlittenstation liegt die Kirche Nossa Senhora do Monte, die im Zentrum der Feierlichkeiten zu Mariä Himmelfahrt steht. Jedes Jahr am 15. August pilgern viele Madeirer nach Monte, um vor der kleinen Statue auf dem Hochaltar zu beten. Im 15. Jh. soll die Muttergottes hier einer jungen Schäferin erschienen sein.

Andere Wallfahrer zollen dem Grab des letzten Kaisers von Österreich, Karl I., Tribut, der 1922 im Exil auf Madeira starb und 2004 vom damaligen Papst Johannes Paul II. selig gesprochen wurde. Sein schlichter, schwarzer Metallsarg mit der Flagge der Habsburger steht von brennenden Kerzen umgeben in der Kapelle links vom Hauptschiff. Nach der Besichtigung geht es von der Kirche über einen Basaltkieselpfad hinab zum platanenumstandenen Hauptplatz Largo da Fonte mit seiner Heilwasserquelle und dem urigen Kaffeehaus Café do Monte. Das weiße Gebäude am gegenüberliegenden Ende ist der Rest eines ehemaligen Bahnhofs, von dem früher eine Zahnradbahn nach Funchal verkehrte.

KLEINE PAUSE

Ideal für eine kleine Kaffeepause, ein Mittagessen oder einfach einen Imbiss ist der Pavillon im Garten des Hotels **Quinta do Monte** (der Eingang liegt gegenüber der Seilbahnstation).

---

i

216 B2

4 km nördlich von Funchal · Bus Nr. 20, 21 und 48 oder Seilbahn von Funchal

Teleféricos da Madeira (Madeira-Seilbahn)
Caminho das Babosas 8, Monte; Avenida do Mar, Zona Velha, Funchal
☎ 291 78 02 80
www.madeiracablecar.com
tgl. 9–17.45 Uhr
1 Fahrt 11 €, Hin- und Rückfahrt 16 €, Kombitickets mit dem Yellow Bus und der Seilbahn zum Botanischen Garten erhältlich

Monte Palace Tropical Garden
Caminho do Monte ☎ 291 78 08 00
www.montepalace.com
tgl. 9.30–18 Uhr · 12,50 € · Café (€)

Korbschlittenfahrt
Die Fahrer warten am Caminho das Babosas unterhalb der Kirche Nossa Senhora do Monte.
www.carreirosdomonte.com
Mo–Sa 9–18 · 30 € (für 2 Personen)

Teleférico do Jardim Botânico (Botanical Garden Cable Car)
Largo das Babosas ☎ 291 21 02 90
www.telefericojardimbotanico.com
tgl. 9–17 Uhr · 1 Fahrt 8,25 €, Hin- und Rückfahrt 12,75 €

Der Monte Palace Tropical Garden ist eine herrliche Wildnis voller Wunder.

Das frühere Monte Palace Hotel beherbergt heute ein Museum mit einmaliger Edelsteinsammlung.

❺ ★★ Curral das Freiras

Warum?	Weil der grüne Kessel ein wunderschöner Rückzugsort ist
Was?	Steile Felswände, dazwischen ein paar Häuser (mit vielen Cafés!) – und von oben eine grandiose Aussicht
Wie lange?	Etwa einen halben Tag; wenn Sie wandern, auch gerne länger
Wann?	Früh morgens ist es im Tal noch sehr schattig, und bei schlechtem Wetter macht es nicht so viel Spaß
Was noch?	Probieren Sie mal eine der Kastanienspezialitäten in den Cafés (z.B. Kastaniensuppe)
Was nehme ich mit?	Ein Fläschchen Kastanienlikör (wenn er Ihnen im Café geschmeckt hat)

Das Tal Curral das Freiras – wörtlich »Stall der Nonnen« – zählt zu den imposantesten Landschaften der Insel. Den eindrucksvollsten Blick auf den Ort selbst und die Terrassen an den gegenüberliegenden Hängen haben Sie vom Aussichtspunkt Eira do Serrado aus.

Früher hielt man das fast kreisrunde Tal von Curral das Freiras für einen erloschenen Vulkankrater. Heute gehen die Forscher von einer Erosionserscheinung aus: Der inzwischen so unscheinbar im Tal verlaufende Fluss nahm im Lauf der Zeit den weichen Tuffstein mit, die härteren Basaltgesteine der steil aufragenden Felswände blieben jedoch stehen.

Traumblick auf den Nonnenstall

Curral das Freiras bedeutet auf portugiesisch eigentlich so viel wie »Nonnenstall«. Gemeint waren die Nonnen des Klosters Santa Clara in Funchal, die sich 1566 bei einem Angriff französischer Korsaren hierher zurückzogen und in Scheunen versteckten. Schon vor dem Überfall besaßen die Klarissinnen in dem abgelegenen Tal landwirtschaftlich genutzte Ländereien, die kleine Siedlung entstand erst rund 200 Jahre später. Im 19. Jh. ließen die Klosterfrauen die Kirche Nossa Senhora do Livramento am Südrand des Dorfzentrums errichten. Lange Zeit war der Ort nur zu Fuß über die Berge zu erreichen, bis in den 1950er-Jahren eine schmale Kurvenstraße gebaut wurde. Heute ersetzt ein moderner

Tunnel die letzten Kilometer Bergstraße, die vorher immer wieder durch Steinschlag zerstört wurde. Die Siedlung ist seit der Fertigstellung des Tunnels enorm gewachsen. Wahrlich beeindruckend ist die grandiose Landschaft auch aus der Dorfperspektive. Neben dem Getreide-, Wein- und Früchteanbau – vor allem Kastanien – spielt der Tagestourismus eine große Rolle.

Weit reicht der Blick während der Wanderung von Enumeada nach Curral das Freiras bis São Vicente an der Nordküste.

KLEINE PAUSE

Im Erdgeschoss des Hotels **Eira do Serrado** (S. 100) gibt es Souvenirs, Kaffee und kalte Getränke sowie schöne Blicke auf Curral das Freiras. Das Restaurant **Sabores do Curral** (S. 100) am Rand des Dorfzentrums serviert köstliche Kuchen mit Kastanien, Bananen oder Mandeln.

---

215 F4
19 km nordwestlich von Funchal

Horários do Funchal
Bus Nr. 81

i

㉘ Jardins do Palheiro

Warum?	Weil der Damengarten einfach so bezaubernd ist
Was?	Englischer Gartenbaustil und südafrikanischer Blütenzauber
Wie lange?	Je nach Saison und botanischem Eifer ein bis drei Stunden
Wann?	Nachmittags kommen meist weniger Touristengruppen als am Vormittag
Was noch?	Im Teehaus am unteren Ende des Parks gibt's leckere Kuchen
Was nehme ich mit?	Ein paar tolle Ideen für Ihre Beete zuhause

Etwa acht Kilometer nordöstlich von Funchal liegt nahe der Straße nach Camacha eine der ältesten bestehenden Gartenanlagen Madeiras. Die dazugehörige Quinta – Paradebeispiel eines Adelssitzes im britischen Kolonialstil – ist nicht öffentlich zugänglich. Aber der Park – eine Mischung aus englischem Landschaftsgarten und wildem Dschungel – wird Sie mit all seiner Pracht bezaubern.

Im schicken Landhotel Casa Velha do Palheiro logiert man heute sehr entspannt.

Riesige Kamelien und Platanen beschatten die kopfsteingepflasterte Auffahrt zwischen dem Eingangsportal und dem eigentlichen Park. Sie blühen von November bis

April und wurden vom ersten Eigentümer gepflanzt: Ab 1801 ließ der erste Graf von Carvalhal seinen »Jagdpark« durch einen französischen Landschaftsgärtner gestalten. Sein erstes Herrenhaus, heute ein Hotel, steht im unteren Teil der Anlage. Hier kann man in luxuriöser und gediegener Atmosphäre übernachten. In den 37 Zimmern wohnen gerne auch Golfer, die den Palheiro-Golfplatz nutzen. Später gestaltete der zweite Graf das Anwesen im Stil englischer Parkanlagen um – so entstand eine außergewöhnlich harmonische Verbindung von englischer und französischer Gartenbaukunst.

Eine bunte Mischung

Die Nachfahren des Grafen brachten das ererbte Vermögen rasch durch, und so wurde das Anwesen im Jahr 1885 an die Familie Blandy verkauft, die im oberen Teil ein neues Gebäude errichten ließ. Mildred Blandy, die Mutter des heutigen Besitzers, war eine passionierte Gärtnerin und legte den Grundstein zu jenem Park, den Sie heute sehen. Sie ließ hier Gewächse aus ihrer südafrikanischen Heimat, aber auch aus China, Japan und Ozeanien pflanzen und begründete so jene beeindruckende Mischung aus Pflanzen gemäßigter Breiten und tropischer Regionen. Von ihrer schönsten Seite zeigen sich die Gärten zur Zeit der Kamelienblüte zwischen Dezem-

Der Versunkene Garten ist Teil der 12 Hektar großen, auch »Blandy's Garden« genannten Anlage

Aus Südafrika eingeführt wurde diese Trompetenlilie Watsonia, deren Name auf den britischen Botaniker William Watson verweist.

Oben: Prächtig blühen die Agapanthus am Übergang zum Golfplatz.

Unten: Die Jardins do Palheiro sind glücklicherweise nicht so überfüllt wie andere, mehr beworbene Gärten.

ber und Mai; bekannt sind sie aber auch für ihre Agapanthus, Magnolien und Proteen. Letztere wurden von Mildred Blandy ebenfalls aus Südafrika eingeführt. Unter den Bäumen fallen einige Araukarien und dekorative Koniferen auf. Die Frösche in den Teichen dienten einst dem kulinarischen Genuss des Grafen Carvalhal.

Rundgang

Am Ende der Auffahrt lockt fröhliches Plätschern den Besucher zu einer Felsengrotte und zu einem idyllischen Brunnen, der von den großen Blättern eines herrlichen alten Tulpenbaums beschattet wird. Der Quell mündet in einen malerischen Wasserlauf, dem üppige Azaleen orientalisches Flair verleihen. Hier beginnt, flankiert von duftendem Jasmin, der Hauptweg, von dem aus man einen guten Blick auf das Haupthaus hat. Vorbei an kunstvollen Formschnittbäumen und Carvalhals Privatkapelle gelangt man zum Versunkenen Garten. Es folgen herrliche Rabatten mit Rittersporn und Stechapfel, dessen Engelstrompeten in Weiß, Orange und Gelb ein unvergessliches Dufterlebnis bieten. Schließlich erreichen Sie den Damengarten, den reizvollsten Teil der Anlage. Wieder im Hauptteil des Parks, folgen Sie den Wegweisern zur Ribeira do Inferno. Dieser Name bezeichnet ein kleines, dicht bewaldetes, feuchtes Tal mit umgestürzten Bäumen, in dem einheimische Lorbeergewächse und exotische Baumfarne wuchern. Der Rundweg durch das Tal führt zurück über einen mit Kamelien bepflanzten Hang. Kurz vor dem Ausgang können Sie noch einen Blick auf das Haus mitsamt seinen geschmückten Kaminen und gestuften Dächern werfen.

KLEINE PAUSE

Die **Teestube im Park** serviert Gebäck, aber auch Suppen und Salate aus der Küche, die auch das Hotel Casa Velha do Palheiro bedient. Bei schönem Wetter sitzen Sie auf der Terrasse mit Blick auf die Gärten und die Golfer nebenan.

---

216 C2
Caminho da Quinta do Palheiro 32
291 79 30 44

www.palheirogardens.com
tgl. 9–17.30 Uhr
Nr. 36, 37 und 47 · 11 €

Nach Lust und Laune!

29 Jardim Botânico

1952 erwarb die Regierung Madeiras den ehemaligen Familiensitz der Hoteliersfamilie Reid und verwandelte ihn in ein Naturkundemuseum mit botanischem Garten. Insbesondere auf den sonnigen Südterrassen bieten leuchtend rote und gelbe Beetpflanzen ein prächtiges Schauspiel. Hinzu kommen Kakteen und Sukkulenten von teilweise abenteuerlich anmutender Gestalt. Im Garten mit den landwirtschaftlichen Nutzpflanzen wächst die Grundlage für Lebensmittel, zur Ölgewinnung, als Farbstoff oder zu medizinischen Zwecken. Hinzu kommen Formschnittgärten sowie typisch madeirische Gewächse der Strände und Klippen. Die Aussicht über das canyonartige Tal der Ribeira de João Gomes ist seit den verheerenden Waldbränden vom August 2016 etwas getrübt, die Wälder entlang der Hänge erholen sich aber allmählich von der Katastrophe. Wenn Sie mit der Seilbahn des Botanischen Gartens hinauf nach Monte schweben, überqueren Sie das Tal Richtung Nordwesten.

216 B2
Quinta do Bom Sucesso, Caminho do Meio
291 211200
tgl. 9–18, im Sommer bis 19 Uhr
Café (€)
Bus 29, 30, 31 u. 31A
5,50 €

30 Jardim Orquídea

Die Waldbrände im Sommer 2016 zerstörten den von der österreichischen Orchideenzüchterfamilie Pregetter über Jahrzehnte aufgebauten Schaugarten. Mit den geretteten Pflanzen und dank zahlreicher Pflanzenspenden legen sie derzeit einen neuen Garten an. Verena Binder erläutert (auf Deutsch) Details zu den besonderen Arten und berichtet vom mühsamen Wiederaufbau nach der Katastrophe.

216 B2
Beco do Jacinto 1, Santo António
916 770251
www.madeira-orchid.eu
nach Anmeldung jederzeit
Horarios do Funchal Nr. 11
bis auf Weiteres auf Spendenbasis

31 Lido

Der Lido ist Funchals Bade- und Flaniermeile im Westen der Stadt. Die Uferpromenade Passeio Marítimo verläuft parallel zur Estrada Monumental, die durch das Hotelviertel Funchals nach Câmara de Lobos führt. Jogger und Spaziergänger erreichen den Nachbarort auch über diese Promenade. Mehrere Stellen laden zum Baden ein. Die größten Schwimmbäder sind die Complexos Balneares do Lido und da Ponta Gorda (beide: Eintritt 5 €). Diese städtischen Einrichtungen sind mit Becken, Cafés, Liegestühlen und Zugang zum Meer ausgestattet. Kleiner ist die Badestelle Doca do Cavacas (Eintritt 2 €) am westlichen Ende der Promenade, kurz bevor es durch einen Tunnel zum Kiesstrand Praia Formosa geht.

216 A1 Complexo Balnear do Lido
Passeio Público Marítimo
www.frentemarfunchal.com
291 105 163
8.30–20 Uhr 5 €
z.B. Horários do Funchal Nr. 1, 2

32 Câmara de Lobos

Spitze Lavazungen begrenzen die kleine Bucht, in der bunte Holzboote an Land liegen und der Katzenhai vom letzten Fang zum Trocknen in der Sonne hängt. Diese Idylle hat schon Sir Winston Churchill im Winter 1950 zum Malen angeregt. Von der Erinnerungstafel aus hat man auch heute noch den besten Blick auf das einstige Fischerdorf Câmara de Lobos, das wegen der hier lebenden Mönchsrobben (*Lobo Marinho*) diesen Namen erhielt. Heute ist der Ort Madeiras zweitgrößte Stadt und sozialer Brennpunkt Nummer eins: Es gibt viele Arbeitslose, von der Fischerei kann man kaum noch leben. Dennoch lohnt sich der Besuch, mindestens für einen Blick von der Churchill-Terrasse und für einen Spaziergang durch die hübschen Gassen im Ortskern. Die kleine Kapelle Nossa Senhora da Conceição (spätes 15. Jh.) besitzt einen vergoldeten Altar und Wandgemälde mit Fischereiszenen. In der Stadtbibliothek ist das – auch architektonisch sehenswerte – Druckereimuseum mit rund 40 historischen Druckmaschinen untergebracht.

215 E2
14 km westlich von Funchal
alle Rodoeste-Busse halten in Câmara de Lobos.
Druckereimuseum (*Museu da Imprensa*)
Avenida da Autonomia 3
291 910135 Mo–Fr 10–17 Uhr 3 €

Vom Restaurant im Stadtbad am Lido blickt man weit übers Meer.

33 Cabo Girão

Für Schwindelfreie: An der zweithöchsten Steilklippe der Welt geht es 580 Meter senkrecht in die Tiefe. Der gläserne Skywalk (S. 97) lässt den Puls schneller schlagen. Bei klarer Sicht erkennt man unten kleine Terrassenfelder. Wer sich das »Kap der Umkehr«, wie die ersten Seefahrer die angsteinflößende Steilwand nannten, vom Meer aus anschauen möchte, der kann eine Bootsfahrt auf dem Ausflugsschiff Santa Maria de Colombo buchen (S. 200). Dieses Vergnügungsboot wurde 1997 von einem Holländer sehr freizügig der echten Galeone von Christoph Kolumbus nachempfunden.

215 E2
22 km westlich von Funchal
der Rodoeste-Bus Nr. 148 hält am Cabo Girão frei

34 Fajã dos Padres

Die neueste Seilbahn der Insel bringt Sie in zwei Minuten hinunter in das kleine, abgelegene Paradies am Küstensaum, 300 Meter unterhalb der Klippe. Spazieren Sie vorbei an Feldern mit exotischen Früchten wie Pitangas oder Mangos, weinberankten Pergolas und ein paar einsamen Ferienhäuschen bis zum Betonsteg am langen Kieselstrand. Hier können Sie nach dem Baden und Schnorcheln bestens einkehren, es gibt z. B. frischen Fisch oder köstlichen Käsekuchen mit Pitanga-Püree.

215 D2
Seilbahnstation: Rua Padre António Dinis Henriques, Quinta Grande
tgl. 11–18 Uhr, im Sommer 10–18 (Mo–Do) bzw. 10–19 Uhr (Fr–So)
Hin- und Rückfahrt 10 €
www.fajadospadres.com

Das Ausflugsboot Santa Maria schippert zweimal täglich an der Südküste Madeiras entlang.

Schwindelige Aussicht

Atem anhalten... Und noch einen Schritt vor... Geschafft! Sie stehen 580 Meter über dem Abgrund. Unter Ihnen (sehr tief unter Ihnen!) die Felder der Fajã do Cabo Girão (S. 96), dann kommt das Meer. Zugegeben, etwas schwindelfrei muss man schon sein. Und den Konstrukteuren des Sky Walks vertrauen, dass die gläserne Plattform hält, auch wenn sie voller Besucher ist. Apropos: Kommen Sie am späten Nachmittag, dann sind die meisten Ausflugsbusse wieder weg und Sie haben die grandiosen Fern- und Tiefblicke für sich alleine!

Wohin zum … Übernachten?

Preise für ein Doppelzimmer pro Nacht:

€	unter 90 Euro
€€	90–150 Euro
€€€	über 150 Euro

A Casa do Caseiro €
Auf halbem Weg zwischen Funchal und Monte verzaubert diese liebevoll renovierte Villa als sympathische Bed & Breakfast-Pension. Es gibt 8 Zimmer, einen Außenpool und eine tolle Aussicht über die Stadt. Und das alles zu wirklich unschlagbaren Preisen.
216 B2 Caminho do Monte 62, Santa Luzia, Funchal ☎ 291 61 10 31
www.acasadocaseiro.com

Casa Velha do Palheiro €€€
Der Graf von Carvalhal, zu seiner Zeit der reichste Mann Madeiras und Besitzer mehrerer Stadtpaläste und Ländereien, ließ Anfang des 19. Jhs. diese reizvolle Villa als Jagd- und Sommersitz errichten. Manche Bäume der Palheiro-Gärten (S. 90, freier Zutritt für Hotelgäste) stammen noch von ihm. Heute genießen die Hotelgäste eine exklusive Unterkunft in entspannter Landhausatmosphäre mit einem hervorragenden Restaurant. Der Golfplatz ist direkt nebenan, außerdem gibt es einen tollen Spa-Bereich, einen Pool und Tennisplätze.
216 B2 Rua de Estalagem 23, São Gonçalo, Funchal
☎ 291 79 03 50 www.casa-velha.com

Quinta do Monte €€
Diese restaurierte Quinta ist ein schönes Beispiel für die eleganten Häuser der reichen Weinexporteure, die dem kühleren Monte den Vorzug vor der heißen Stadt gaben. Gäste können den großen Park, Bibliothek, Leseraum und das voll ausgestattete Atelier benutzen oder ausgerüstet mit einem Picknickkorb des gelobten Hotelrestaurants die sehenswerte Umgebung erkunden.
216 B2 Caminho do Monte 192, Funchal ☎ 291 78 01 00
www.quintadomontemadeira.com

Wohin zum … Essen und Trinken?

Preise für ein Essen (ohne Getränke, Service):

€	unter 15 Euro
€€	15–30 Euro
€€€	über 30 Euro

HOTELVIERTEL FUNCHAL

Brasserie €€
Der elegante Speiseraum mit Steinfußboden und Wänden in Burgunderrot gehört zu einem Restaurant der neuen Generation, das auf Madeira zeitgemäße internationale Akzente setzt. In der Regel stehen Entenbrust, geröstetes Lamm und Kabeljau auf der Karte, aber auch Ausgefalleneres wie Wildschwein oder Wild. Service und Aussicht sind gleichermaßen perfekt.
216 A1 Promenade do Lido (unterhalb des Hotels Enotel) ☎ 291 76 33 25
tgl. 18–23; Mo, Di, Fr, Sa auch 12–15 Uhr

Cris's €€€
Aufwendig zubereitete, internationale Gerichte in stilvollem Ambiente – das Cris's hat sich in kürzester Zeit einen Namen als Spitzenrestaurant gemacht. Bei schönem Wetter reservieren Sie auf der Terrasse mit Meerblick. Für ca. 40 € bekommen Sie ein Drei-Gänge-Menü mit Getränken.
216 A1 Edifício Tecnoparque, Passeio Marítimo (nahe Jardím Panorâmico)
☎ 291 74 21 43 tgl. 10–23 Uhr

Doca do Cavacas €€
Das wie eine Fischerkate dekorierte Restaurant am westlichen Ende der Strandpromenade ist der ideale Ort für ein romantisches Dinner zum Sonnenuntergang.
215 F1 Rua Ponta da Cruz
☎ 291 76 20 57 Di–So 10.30–24 Uhr

Hotel Escola €
Erstklassiger Service und großartige internationale Küche kosten hier kein Vermögen. In der Hotelschule von Madeira lernen die künftigen Köche und Ober der Insel ihr Handwerk. Dafür, dass Sie von

Auszubildenden bedient werden, bekommen Sie ein feines Vier-Gänge-Menü zu einem guten Preis. Die Karte wechselt täglich.
215 F1 Travessa dos Piornais 23, São Martinho 291 70 03 86 12.30-14.30, Tee ab 15, Abendessen 19-21.30 Uhr

Il Gallo d'Oro €€€
Über dem – zum luxuriösen Cliff Bay Hotel gehörenden – »Goldenen Hahn« funkeln zwei Michelin-Sterne. Küchenchef Benoît Sinthon leitet das Gourmet-Restaurant seit 2004. Die hochwertigen saisonalen Inselprodukte, die kreativen, bunten Interpretationen mediterraner und iberischer Gerichte und das edle Ambiente haben natürlich ihren Preis. Aber wenn es mal etwas Besonderes sein darf! Achtung, Dresscode – die Herren sollten z. B. Sakko oder Krawatte tragen.
216 A1 Estrada Monumental 147
291 70 77 00
http://ilgallodoro.portobay.com
Mo-Sa 19-21.30 Uhr

Lareira Portuguesa €€
Dieses Restaurant – eines der exklusiveren traditionellen Lokale im Hotelviertel – ist so beliebt, dass viele immer wieder dort einkehren, um sich an reichlich Fisch und Nudeln gütlich zu tun. Im Untergeschoss werden seltene Fischarten wie der Große Rote Drachenkopf oder Papageienfisch serviert, im ersten Stock gibt es leckere Steaks und Vegetarisches. Großes Weinangebot, das Personal berät gern.
216 A1 Travessa Valente 7 291 76 29 11
www.marisqueiralareiraportuguesa.pt
tgl. 12–23.30 Uhr

Marisqueira O Barqueiro €€
Wer Meeresfrüchte mag, der ist hier gut aufgehoben. Zu viert bietet sich eine gemischte Meeresplatte mit diversen Krusten- und Schalentieren an.
215 F1 Centro Comercial CentroMar
291 76 52 26
http://marisqueiraobarqueiro.pt
tgl. 12–23.30 Uhr

Sabor da India €
Sie sind Vegetarier, mögen exotische Gewürze oder brauchen mal eine Pause von der portugiesischen Küche? Dann nutzen Sie die Chance, dass man in Portugal (und auch auf Madeira) wirklich gute und authentische indische Restaurants findet. Das beste ist dieses, hier erwarten Sie scharfe, süß-saure oder einfach unglaublich aromatische Geschmacksexplosionen!
215 F1 Rampa do Lido 8, Loja A
291 76 53 46 www.sabordaindia.pt
12-15 und 18-23 Uhr

Tokos €€
Das Restaurant ist in einem schön bewachsenen Steinhaus auf der Hauptmeile des Hotelviertels untergebracht und hat nur Platz für 30 Gäste. Die können hier meisterhaft zubereitete Fisch-, Lamm-, Huhn- und Kalbsgerichte speisen. Erlesene Weine runden das Menü ab.
216 A1 Estrada Monumental 169
291 77 10 19 Mo–Sa 12–23, So 18–23 Uhr

Villa Cipriani €€€
Das italienische Restaurant befindet sich in einer hoch auf den Klippen gelegenen Villa ein wenig westlich vom Reid's Palace Hotel, zu dem es auch gehört. Es bietet den idealen Rahmen etwa für einen romantischen »letzten Abend« auf Madeira mit herausragendem Service. Exquisite Speisen (darunter selbstgemachte Pasta, ein leckeres Risotto sowie köstliche Fisch- und Fleischgerichte) plus herrlichem Blick über die Hafenlichter von Funchal sind garantiert. Zu dem eleganten Dinner sollten Sie nicht in Jeans und T-Shirt erscheinen.
216 A1 Estrada Monumental 139
291 71 71 71 tgl. 19–22.30 Uhr

CÂMARA DE LOBOS

Vila da Carne und Vila do Peixe €€
Diese zwei hellen, modernen Restaurants mit einem schönen Blick über Câmara de Lobos liegen fast direkt nebeneinander und servieren Fisch bzw. Fleisch. Sie können Ihren Fisch selbst auswählen und über dem Holzfeuer grillen lassen. Serviert wird er mit einer Auswahl an frischem Gemüse und einem madeirischen Wein, zum Beispiel dem

Enxurros. Für abends (vor allem im Sommer) sollten Sie Ihren Tisch im Voraus reservieren.
216 A2 Rua Dr João Abel de Freitas
291 09 99 09 www.viladopeixe.com
tgl. 12–15.30, 18.30–23 Uhr

ESTREITO DE CÂMARA DE LOBOS

As Vides €€
Die Madeirer sagen, die besten *espetadas* (Rindfleischspieße) werden über der Glut von Reben gegrillt: Deshalb ist dieses Lokal zwischen den Weinbergen (nicht nur) bei den Einheimischen so beliebt. Neben saftigem Rindfleisch serviert man hier auch gegrillten Kabeljau, Geflügel und hervorragende Steaks mit *bolo de caco*, einem herzhaften Kartoffelbrot, sowie hiesige Weine.
215 E2 Rua da Achada 17 (bei der Kirche)
291 94 53 22 tgl. 12–16, 19–23 Uhr

O Polar €
Abseits der Touristenwege gibt es auf Madeira die schmackhaftesten *espetadas*. So auch in diesem Lokal, das vor allem von Einheimischen besucht wird. Die Fleischspieße sind hervorragend. Man schmeckt, dass die Beilagen wie *milho frito* (gebratener Mais) oder *batatas fritas* (Pommes) absolut frisch und eigenhändig zubereitet wurden.
215 E2 Rua do Pico da Torre 26
291 94 44 42 Mo–Sa 12–15, 18–23 Uhr

CURRAL DAS FREIRAS

Eira do Serrado €€
Lassen Sie sich verwöhnen in diesem eleganten Restaurant, dessen Panoramafenster den herrlichen Blick über das Tal und die umliegende Gebirgslandschaft freigeben. Es lohnt die Fahrt von Funchal herauf, denn die Speisekarte enthält nicht nur Steak, Fisch, Meeresfrüchte und Geflügel, sondern auch örtliche Spezialitäten, die auf den omnipräsenten Kastanien basieren.
215 F3 Eira do Serrado
291 71 00 60 tgl. 8–22 Uhr

Sabores do Curral €
In diesem Lokal – sei es im verglasten Speiseraum oder auf der Dachterrasse – stärken sich viele hungrige Wanderer bei spektakulärer Aussicht mit leckeren Kastanien-, Bananen- oder Mandelkuchen. Oder Sie probieren die Kastaniensuppe als leicht süßliche Kreation mit Karotten und Kohl in Gemüsebrühe. Wer keine Kastanien mag, der sollte das ausgezeichnete Brathähnchen versuchen. Unbedingt kosten müssen Sie einen der selbst gemachten Liköre: Eukalyptus, Banane oder (natürlich) Kastanie. Sonntags gibt's für unschlagbare 7 € ein üppiges Mittagsbüfett.
215 F4 291 71 22 57 Di–So 9–18 Uhr

MONTE

Café do Parque €
Auf dem schattigen Dorfplatz von Monte, unterhalb der Wallfahrtskirche, lädt dieses lauschige Café zum Verweilen ein. Es gibt Kaffee und Kuchen, frischen Orangensaft, überbackene Toasts, Suppen und einfache Tagesgerichte. Serviert von einem Kellner, der unweigerlich an einen Butler aus einem englischen Film erinnert.
216 B2 Largo da Fonte 291 78 28 80
tgl. 9–17 Uhr

Quinta do Monte €€
Das Hotel, inmitten subtropischer Gärten gelegen, serviert tagsüber köstliche Kuchen und kleinere Gerichte wie Baguettes und Salate. Abends kommen in den Räumen des Restaurants erlesene Köstlichkeiten auf den Tisch, darunter *foie gras* und Hummer. Wer darauf keinen Wert legt: Serviert werden auch einfachere Gerichte wie beispielsweise gegrillter Ziegenkäse mit wilden Beeren.
216 B2 Caminho do Monte 192
291 78 01 00 tgl. 12–15, 19–22 Uhr

Wohin zum … Einkaufen?

LEBENSMITTEL

Wenn Sie ein Selbstversorger-Apartment haben oder sich für ein Picknick ausrüsten möchten, kaufen Sie am besten im *Supermarkt*

Pingo Doce Lido im Hotelbezirk von Funchal ein. Das Geschäft hat einen eigenen Parkplatz und bietet eine große Auswahl.

Supermarkt Pingo Doce Lido
215 A1 Rua do Gorgulho
tgl. 8.30–22 Uhr

Im großen Einkaufszentrum **Forum Madeira** gibt es ebenfalls einen Supermarkt. Hier finden Sie nicht weniger als 80 Läden, die alles verkaufen: Kleidung, Schuhe, Sportartikel, Bücher, CDs, Schmuck und Accessoires. Natürlich fehlen hier auch Cafés nicht, und für die Unterhaltung sorgt ein großes Kino. Ähnliche Ausmaße hat das Zentrum **Madeira Shopping** im Vorort São Martinho. Es wird von verschiedenen Bussen angefahren und ist auf allen Zubringerstraßen ausgeschrieben. Folgen Sie der Via Rápida westwärts Richtung Ribeira Brava. Fahren Sie in São Martinho ab oder verlassen Sie Funchal auf der Rua do Dr Pita und biegen dann links in die Rua de São Martinho. Das Zentrum umfasst mehr als 100 Geschäfte verschiedenster Art, Restaurants sowie eine Kegelbahn und ein großes Kino.

Forum Madeira 216 A4 Estrada Monumental 390 Läden tgl. 10–23 Uhr

Madeira Shopping 216 A2 Caminho Santa Quitéria 44 Buslinien 8, 8A, 16 und 92
Läden tgl. 9–23 Uhr

ORCHIDEEN

Schnittblumen sind ein beliebtes Souvenir. Etwas Sorgfalt vorausgesetzt, halten z. B. Proteen bis zu einem Monat. Wer länger Freude an einem Mitbringsel haben möchte, wählt Orchideen. Am Stadtrand von Funchal gibt es zwei Stellen, an denen Sie mehr über diese Blumen erfahren und viele verschiedene Sorten in ihrer Blüte bewundern können. Im **Jardim Orquídea** (S. 94) können Sie auch nach der Brandkatastrophe Pflanzen und Babyorchideen erstehen. Die österreichische Züchterin Verena Binder baut derzeit einen neuen Schaugarten auf. Alternativ nehmen Sie die Estrada Conde de Carvalhal und folgen nach 800 Metern links den Schildern zur **Quinta da Boa Vista** (S. 21, Eintritt 4,50 Euro). Die britischen Inhaber verkaufen Pflanzen, beantworten aber auch geduldig Fragen und ermuntern Besucher zum Spaziergang durch die dschungelartige Anlage voller farbenprächtiger Blüten. Abgesehen davon erhalten Sie auch sonst bei jedem Floristen eine gute Auswahl an Orchideen, sogar im Mercado dos Lavradores.

Wohin zum … Ausgehen?

BARS

An der Promenade unterhalb des Meliã Mare Hotels haben sich einige Cafés angesiedelt, die sich vor allem am Abend füllen. Loungig ist das **»Qasbah«** (Promenade do Lido 738 Tel. 291 76 55 00, tgl. 11–24 Uhr), wo Sie zu fetziger Livemusik gute Cocktails probieren können. Zu einer der beliebtesten Bars des Hotelviertels hat sich **»Hole in One«** (Estrada Monumental 238, Tel. 291 76 54 43, tgl. 11–24 Uhr), eine sympathische Mischung aus Irish Pub und Sportsbar, gemausert. Es gibt einen lauschigen Außenbereich mit Oldtimer, innen eine gemütliche Holzeinrichtung und regelmäßig gute Livemusik, bei der es niemanden auf den Stühlen hält.

Schönes Souvenir: Orchidee im Jardim Orquídea

Unvergesslich: der Blick vom Pico Ruivo Richtung Santana

Das zentrale Bergland

Hier zeigt sich Madeira von seiner rauen, manchmal dramatischen Seite. An der Nordküste finden Sie noch fast unberührte Täler.

Seite 102–125

Erste Orientierung

Die Mitte Madeiras besteht zu einem Großteil aus vulkanischen Erhebungen, die eine Höhe von 1400 bis über 1800 m erreichen. Dazwischen fallen grüne Täler steil hinunter zur rauen und dünn besiedelten Nordküste.

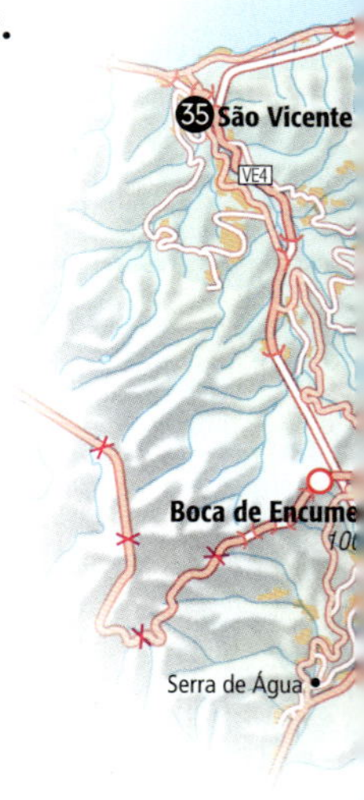

Die Berge sind relativ gut zugänglich, es führt sogar eine Straße auf den Pico do Arieiro, den dritthöchsten Gipfel der Insel. Das zentrale Bergland vermittelt von vielen Standpunkten aus den Eindruck von großer Trockenheit, doch befinden sich in den tiefen Tälern die letzten Lorbeerwälder der Insel. Mehrere Naturparks widmen sich dem Fortbestand dieses außergewöhnlichen Waldgebiets, das in besonders heißen Sommern stark von Waldbränden bedroht und teilweise auch zerstört wird. Im Gebiet rund um den Pico Ruivo sind zum Beispiel immer noch die traurigen Spuren des Brands vom Sommer 2010 zu sehen. Entlang der Nordküste gibt es viele Täler, die über die Jahrhunderte terrassiert wurden. Obstgärten mit Apfel- und Kirschbäumen tauchen die Hänge im Frühjahr in ein Blütenmeer, im Sommer und Herbst leuchten die roten Früchte.

Das hügelige Inselinnere können Sie wunderbar von Funchal aus als Tagestour erkunden. Wenn Sie gut zu Fuß sind, warten im Hochgebirge tolle Wanderpfade auf Sie, doch auch mit dem Mietwagen erreichen Sie – zumindest bei klarem Wetter – atemberaubende Aussichtspunkte. Und sollte es mal bewölkt sein, lohnt es sich manchmal trotzdem hinaufzufahren: Vielleicht haben Sie Glück und von oben schauen Sie hinunter auf ein Meer aus Wolken!

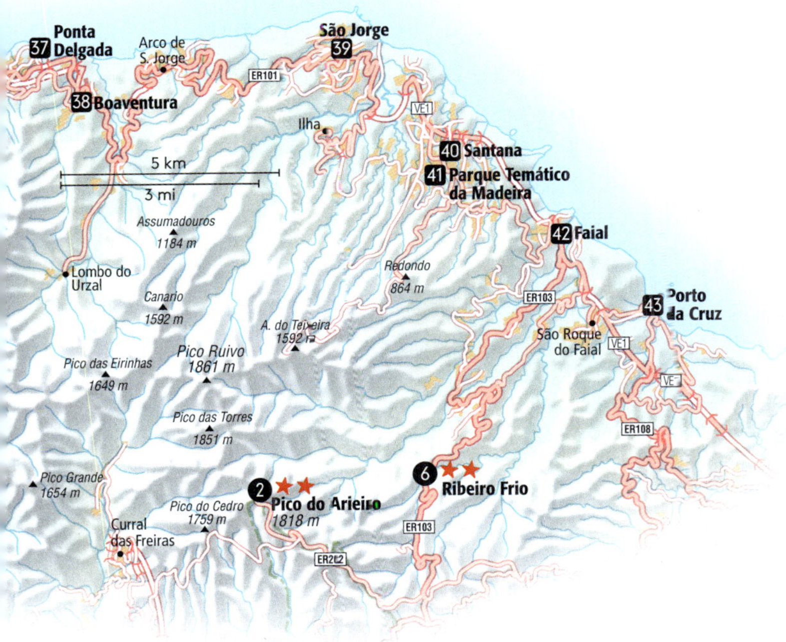

TOP 10

2 ★★ Pico do Arieiro

6 ★★ Ribeiro Frio

Nicht verpassen!

35 São Vicente

Nach Lust und Laune!

36 Boca de Encumeada

37 Ponta Delgada

38 Boaventura

39 São Jorge

40 Santana

41 Parque Temático da Madeira

42 Faial

43 Porto da Cruz

Mein Tag in den Bergen

Ein wolkenfreier Tag – ideal zum Erkunden des Inselinneren! Packen Sie Wanderschuhe, etwas Proviant und ein Jäckchen ein! Es erwarten Sie spektakuläre Aussichten und das unbeschreibliche Hochgefühl, wenn Ihnen auf dem Gipfel des Pico Ruivo die ganze Insel zu Füßen liegt.

8 Uhr: Über die Panoramastraße zum Pico do Arieiro

Sie sollten sich früh auf den Weg machen, so dass Sie noch vor den vielen Ausflugsbussen den Gipfel des Pico do Arieiro erreichen. Egal ob Sie über Monte oder über Camacha fahren, Sie brauchen von Funchal aus etwa eine Dreiviertelstunde hinauf. Schon auf der Panoramastraße vom Paso de Poiso zum Pico do Arieiro, den Sie bereits aus der Ferne an der Radarstation erkennen können, eröffnen sich immer wieder grandiose Aussichten in die dramatischen Täler Richtung Norden und hinunter nach Funchal. Vom Parkplatz aus passieren Sie das moderne Besucherzentrum mit Café, Souvenirshop und WCs, um die letzten Stufen zum 1818 Meter hohen Gipfel des ❷ ★★ Pico do Arieiro zu erklimmen. Genießen Sie die Rundumblicke in der luftigen Höhe, bevor es voll wird – die bequeme Zufahrt sorgt ab etwa halb zehn für reges Touristentreiben!

10 Uhr: Spaziergang im Lorbeerwald von Ribeiro Frio

Wenn die Andenmusiker ihre Panflöten-Melodien anstimmen, sind Sie schon wieder unterwegs. Es geht zunächst zurück zum Poiso-Pass und dann in nördlicher Richtung hinunter nach ❻ ★★ Ribeiro Frio.

14 Uhr: Auf Madeiras höchstem Gipfel

13 Uhr: Fotoshooting in Santana

17 Uhr: Deftiger Abschluss

8 Uhr: Über die Panoramastraße zum Pico do Arieiro

10 Uhr: Spaziergang im Lorbeerwald von Ribeiro Frio

Das winzige Örtchen ist berühmt für seine hübsch angelegte Forellenzucht, der Sie als erstes einen Besuch abstatten. Dann schnüren Sie die Wanderschuhe und begeben sich auf einen kleinen, (hin und zurück) etwa einstündigen Waldspaziergang durch den Lorbeerwald zum Aussichtspunkt Balçőes (S. 113). Er macht seinem Namen alle Ehre: Von diesem steinernen Balkon aus haben Sie eine grandiose Fernsicht hinauf zu den Bergspitzen und hinunter zum Adlerfels an der

Gute Motive sind beim Ausflug in die Berge garantiert.

Der Blick vom Pico do Arieiro reicht bis zu den terrassierten Feldern von Curral das Freiras.

Nordküste. Allmählich meldet sich der kleine Hunger? Auf den Felsen des Balkons können Sie sich wunderbar niederlassen und Ihren Proviant hervorholen. Bei der Aussicht schmeckt das Picknick gleich doppelt gut, und die fast handzahmen Madeira-Buchfinken freuen sich über Ihre Krümel. Auf dem Rückweg zum Auto können Sie in der kleinen, urigen Snack-Bar Flor da Selva einkehren, um eine Verdauungs-Poncha oder einen starken Kaffee zu trinken.

13 Uhr: Fotoshooting in Santana

Weiter geht's nach 40 Santana! Sie fahren ab Ribeiro Frio weiter Richtung Nordküste und dann ab 42 Faial durch einen der längsten Tunnel der Insel in den für seine strohbedeckten, bunten Häuschen berühmten Ort.

An den strohgedeckten *casas do colmo* am Dorfplatz kommt kein Madeira-Urlauber vorbei, ohne einen Fotostopp einzulegen, der ist obligatorisch!

Die bunten Häuschen von Santana mit der Strohmatte auf dem Haupt sind einfach zum Knuddeln.

14 Uhr: Auf Madeiras höchstem Gipfel

In etwa 20 Minuten erreichen Sie die Anhöhe Achada do Teixeira oberhalb von Santana. Hier endet die Straße, jetzt geht's zu Fuß weiter (Wanderbeschreibung S. 186). Der Weg zum Pico Ruivo ist größtenteils gepflastert und somit (fast zu) gut zu gehen. Ein Jäckchen schadet nicht, auf dem Dach der Insel kann es auch sehr zugig sein. Nach etwa einer Stunde und 270 Höhenmetern ist der Gipfel erreicht und Sie werden vom phänomenalen Rundblick belohnt. Zurück geht es auf demselben Weg, vorbei an der (nicht bewirtschafteten) Berghütte und den verkohlten Baumheiden, die an die Waldbrände von 2010 erinnern.

17 Uhr: Deftiger Abschluss

Jetzt haben Sie sich eine ordentliche Mahlzeit verdient. Steuern Sie das rustikale Lokal Cantinho da Serra oberhalb von Santana an. Heute ist ja Ihr Bergtag, da ist das »Berg-Eckchen« mit seiner deftigen Küche genau das Richtige!

Länge der Tour (ab Zentrum Funchal): 110 km (Funchal – Poiso – Pico do Arieiro – Ribeiro Frio – Santana – Achada do Teixeira – Santana – (Via Rápida) – Funchal

Cantinho da Serra ✉ Estrada do Pico das Pedras 5, Santana ☎ 291 573 727 ◑ tgl. 11–23 Uhr

❷ ★★ Pico do Arieiro

Warum?	Wegen der grandiosen Aussicht
Was?	Zackige Felsen und Gesteine, die steil in den Himmel ragen. Hoffentlich keine Wolken
Wie lange?	Bei Sonnenschein: gern eineinhalb Stunden. Bei Eisregen sind Sie nach zehn Sekunden wieder im Auto
Wann?	Spektakulär ist die Szenerie zum Sonnenauf- oder untergang.
Was noch?	Der Weg zum Bussardnest
Was nehme ich mit?	Wenn Sie Ihr Jäckchen vergessen haben, aber plötzlich eins brauchen: Im Souvenirshop gibt's auch dicke Wolljacken

Die dritthöchste Erhebung Madeiras ist 1818 Meter hoch, aber Sie müssen vom Parkplatz aus nur ein paar Stufen erklimmen. Es führt eine Straße bis fast ganz nach oben hinauf, und so kann jeder in den Genuss der herrlichen Aussicht und des Farbenspiels kommen, das für die vulkanische Landschaft typisch ist.

Felsen in unglaublichen Farben

Die bloßen roten Lavafelder und Schlackenbetten des Pico do Arieiro sehen aus, als wären sie soeben aus dem Schmelzofen gekommen. Die backsteinartige Oberfläche wird von einer dürftigen Grasnarbe bedeckt; die Gesteinsschichten weisen unglaublich gegensätzliche Farben auf, wie leuchtendes Orange auf kupfrigem Grün, Schokoladenbraun oder Erdbeerrot.

Der Blick vom Gipfel ist atemberaubend. Im Westen liegt ein tiefer Einschnitt, der nach Curral das Freiras (S. 88) abfällt. Das Dorf selbst verbirgt sich vor den Blicken, man kann in der Ferne gerade mal die terrassierten Hänge ausmachen. Gen Norden ragen der zerklüftete Pico das Torres (1851 m) und der Pico Ruivo (1861 m) auf, der zweithöchste beziehungsweise höchste Berg der Insel. Ein markierter Wanderweg verbindet die drei Berge. Trotz Sicherung an den steilen Hängen und Graten ist die ca. zwei- bis dreistündige Tour (eine Strecke) anspruchsvoll, immer wieder gesperrt und eher geübten Wanderern zu empfehlen. Doch die

Mühe lohnt sich, die Auf- und Abstiege werden mit immer neuen spektakulären Aussichten belohnt.

Wem die Wanderung zum Pico Ruivo zu anspruchsvoll ist, der geht einfach nur den gepflasterten ersten Abschnitt bis zum sogenannten Bussardnest (Ninho da Manta). Dieser Aussichtspunkt ist über eine lange Steintreppe in ca. 20 Minuten erreicht und bietet eine grandiose Aussicht in Richtung Nordküste. In die entgegengesetzte Richtung (hinter den Radaranlagen) führt ein Pfad zum ebenfalls aussichtsreichen Miradouro do Juncal (ca. 15 Min.).

Vereda do Arieiro heißt der (anspruchsvolle und aktuell in einer Variante geschlossene) Wanderweg zwischen Pico do Arieiro und Pico Ruivo.

KLEINE PAUSE

Im Besucherzentrum gibt es Toiletten, ein Café (tgl. 10 bis 18 Uhr) und eine interessante Ausstellung zur seltenen Sturmvogelart »Freira da Madeira« (tgl. 9–15 Uhr), die schon für ausgestorben gehalten wurde. Inzwischen nisten aber wieder ein paar Exemplare hier oben in den Bergen.

---

216 A4
20 km nördlich von Funchal

6 ★★ Ribeiro Frio

Warum?	Weil es hier noch schönen Lorbeerwald gibt
Was?	Ein paar Ausflugslokale, Forellen in den Becken und auf den Tellern. Und sehr viel Wald
Wie lange?	Inklusive Levadaspaziergang zum »Balkon« und Mittagessen etwa drei Stunden
Wann?	Am späten Nachmittag wird es merklich ruhiger
Was noch?	Wenn Sie gut zu Fuß sind: Hier beginnt eine aussichtsreiche (aber etwas anspruchsvollere) Levadatour nach Portela
Resümee	Ein Traum in Grün

Madeiras schönster: der Panoramablick vom »Balkon« über das Tal von Ribeira da Metade

Der »kalte Bach« macht seinem Namen alle Ehre: Das frische Wasser speist die hübsch zwischen Kamelien- und Lorbeerbäumen angelegten Becken der staatliche Forellenzucht – das Ergebnis kann sich schmecken lassen!

Ein ausgeklügeltes Schleusensystem am Hang leitet die Fische mit zunehmender Größe von Becken zu Becken, bis sie zuletzt in großen Rundbecken gesammelt werden. Die bis zu 40 Zentimeter großen Forellen in den einzelnen, durch schmale Wege miteinander verbundenen Becken schwimmen zu sehen, ist eine auch bei Kindern beliebte Attraktion. Mit ihren Blumenbeeten und den Buchsbaumhecken erinnert die ganze Anlage überhaupt nicht an eine industrielle Forellenzucht – kein Wunder, dass der Ort ein Ziel aller touristischen Inselrundfahrten (und somit oft auch etwas überlaufen) ist.

Zudem eignet sich Ribeiro Frio gut als Ausgangspunkt für einige schöne Wanderungen an den Levadas entlang. Zu beiden Seiten der Straße führen Fußwege den trittsicheren Wanderer zu bemoosten Schneisen und sonnigen Lichtungen in den Wäldern. Unterwegs in die Herrlichkeit dieser Natur, taucht man ein in eine ganz eigene Welt fernab aller Hektik moderner Großstädte.

Zwei Spaziergänge

In Richtung Norden, von der Forellenzucht bergauf, halten Sie vor der ersten Kurve nach einem versteckten Weg Ausschau. Biegen Sie da rechts ab, um dem schnell fließenden Bewässerungskanal zu folgen, so erreichen Sie bald einen kleinen Wasserfall, an dessen unterem Ende sich das Wasser in einem kleinen, tiefen Becken sammelt. Hier ist die Verlockung groß, zumindest die Hand oder eine Zehenspitze ins Wasser zu tauchen, um herauszufinden, wie kalt der Ribeiro Frio tatsächlich ist.

Forellenzucht in Ribeiro Frio, einem der beliebtesten Ausflugsziele der Insel

Ein etwas längerer Spaziergang führt zum berühmten Aussichtspunkt Balcões (»Balkon«) oberhalb des Vale da Ribeira da Metade, von dem aus Sie bei klarer Sicht hinunter zum Meer und hinauf ins Hochgebirge schauen können. Der Einstieg liegt gegenüber dem Lokal Ribeiro Frio, der Weg ist ausgeschildert und dauert hin und zurück etwa eine Stunde, je nach Kondition und Zeit, die man unterwegs den Pflanzen, Farnen, Moosen,

Flechten, Pilzen und Vögeln widmen möchte. Der Pfad ist meist breit und eben, von einigen Stellen abgesehen, wenn er sich durch einen Felsspalt windet. Es können also auch Kinder und Leute, die nicht schwindelfrei sind, problemlos hier gehen. Und sollten Sie unterwegs trotzdem schwächeln: In der urigen Bar Flor da Selva gibt´s eine starke Poncha, die Sie wieder aufpäppelt.

Eine längere Tour

Ihnen ist nach einer längeren Tour? Unterhalb des Restaurants Ribeiro Frio beginnt die Levadawanderung der »Levada do Furado«. Vorbei an spektakulären Felswänden (Achtung: Schwindelfreiheit ist Voraussetzung!) führt der Wasserkanal entlang der Levada da Serra do Faial und schließlich hinunter nach Portela. Für die elf Kilometer sollten vier Stunden eingeplant werden. Außerdem müssen Sie schauen, dass Sie wieder zurück zum Auto kommen (ggf. per Taxi).

KLEINE PAUSE

Das bekannte Lokal **Ribeiro Frio** (S. 125) gegenüber der Forellenzucht bietet eine reichhaltige Auswahl (nicht nur an Forellengerichten) und Sitzplätze im Garten.

Bei der Wanderung entlang der Levada do Furado taucht man tief ein in den Lorbeerwald von Madeira.

ℹ

216 B4 ✉ 19 km nördlich von Funchal
Horários-do-Funchal-Bus Nr. 56, 103, 138 Centro Aquícola do Ribeiro Frio (Forellenzucht) 1 Euro; Parkplatz ebenfalls kostenpflichtig

Poncha & Peanuts

Manchmal wird's eng in der winzigen Bar der Taberna da Poncha in Serra de Água. Während Sie den Mädels hinter der Theke zuschauen, wie sie Zuckerrohrschnaps, Honig, frisch gepressten Orangen- und Zitronensaft gekonnt miteinander verquirlen, fallen Ihnen die unzähligen Visitenkarten ins Auge – eine interessante Wand-Deko. Mit Ihrem Drink und einer Handvoll Erdnüsse suchen Sie sich ein Plätzchen an einem der Stehtische: Saúde – zum Wohl! Die Nussschalen dürfen Sie übrigens ganz offiziell zu Boden werfen, das gehört sich hier so.

㉟ São Vicente

Warum?	Weil São Vicente so ein nettes Dörfchen ist
Was?	Ein Tal, ein Flussbett, ein Kiesstrand und hinterm Felsen ein versteckter Ortskern. Und natürlich die Vulkanhöhlen!
Wie lange?	Der Ort ist schnell gesehen, aber für die Höhlen brauchen Sie mindestens eine Stunde
Wann?	Der Höhlenbesuch ist eine gute Regenalternative!
Was noch?	Werfen Sie einen Blick in die Kirche: Der deutsche Künstler Max Römer schuf um 1940 die sehenswerte Innenbemalung
Was nehme ich mit?	Wie wär`s mit einem Kieselstein vom Strand?

Das an der Mündung der Ribeira de São Vicente gelegene Dorf zählt wegen seines geschlossenen Ortsbilds zu den hübschesten Ortschaften der Insel. Faszinierende Einblicke in deren vulkanische Entstehung ermöglicht der Lavahöhlenkomplex Grutas de São Vicente.

Das malerische Dorf …

… wird von seinen Bewohnern bestens gepflegt. Liebevoll renovieren sie die Häuser und legen Wert auf traditionelles Flair. Rund um die Kirche befinden sich viele Cafés und Geschäfte. Die Kirche selbst stammt aus dem 18. Jh., ihre bunte Innenbemalung jedoch entstand in den 1940er-Jahren, hier war der deutsche Künstler Max Römer am Werk. Wer ans Meer hinuntergeht, findet dort ein paar Geschäfte, die sich um die Gunst der Touristen bemühen. Es gibt einen schwarzen Kieselstrand; allerdings sind die Wellen hier meist so hoch, dass Sie besser nicht schwimmen gehen sollten. Mitten in der Flussmündung duckt sich seit 1692 ein Kapellchen an einen Felsen: Die Capelinha do Calhau erinnert an die Erscheinung des Ortspatrons Vincentius.

Die Grutas de São Vicente …

… befinden sich auf der höher gelegenen Seite der Stadt im Tal der Ribeira de São Vicente. Auch Kinder haben an der etwa 30 Minuten lang dauernden Tour durch die Felsentun-

São Vicente an der Nordküste ist eines der herzigsten Dörfer Madeiras.

nels und an dem angeschlossenen interaktiven Besucherzentrum ihren Spaß. Entdeckt wurden die Grotten bereits im Jahr 1855 von Einheimischen, erforscht vom englischen Geologen James Johnson, der Öffentlichkeit zugänglich gemacht erst viel später, 1996. Entstanden sind die tunnelartigen Höhlen und Gänge vor rund 890 000 Jahren als Folge vulkanischer Aktivitäten des Hochplateaus Paúl de Serra. Um Besuchern einen Zutritt zu ermöglichen, wurden an einigen Stellen Verbindungstunnels angelegt. Teilweise gleicht die Lava geschmolzener Schokolade. Wer versucht ist, den Finger einzutauchen, wird überrascht sein, wie hart und rau sie ist. Andernorts erscheint sie als basaltische Kissenlava, die an mehrstöckige Torten erinnert. Auch Stricklava bildete sich hier, die so heißt, weil sich ihre härtende Oberfläche über halb flüssiger Lava zu textil anmutenden Strukturen verschob.

Das Hochplateau Paúl da Serra, ein Heidemoor, saugt Regenwasser auf wie ein Schwamm. Ein Teil davon sickert durch die darunterliegenden Gesteinsschichten bis hinab in die Höhlengänge, wo es unterirdische Bäche und Wasserfälle bildet, die eindrucksvoll angestrahlt werden und den Höhepunkt der Führung bilden. Danach geht es in das interaktive Centro do Vulcanismo. Hier wird anschaulich erklärt, wie Vulkane entstehen, welche Arten von Vulkanismus es gibt und wo sie vorkommen. Schaubilder illustrieren die Nutzung von Vulkangesteinen für Gebäude, Beton und als Filter-

Grutas heißen die begehbaren Lavatunnels von São Vicente.

masse. Dann folgt ein Film über die vulkanische Entstehung der Inselgruppe, allerdings nur auf Portugiesisch mit englischen Untertiteln. Anschließend fährt Sie ein ruckelnder Fahrstuhl hinab zum »Mittelpunkt der Erde« – ein Hit nicht nur für Kinder! Bleibt die Frage, wie Sie wieder zurück an die Erdoberfläche kommen: In einem rasanten 3D-Film geht es durch alle Schichten »hinauf«. Jules Verne wäre bestimmt begeistert gewesen!

KLEINE PAUSE

Sie haben die Qual der Wahl zwischen unzähligen Kuchen, Törtchen oder Snacks in der **Padaria do Calhau** (S. 124) an der Küstenstraße von São Vicente.

---

i

212 A3
55 km nordwestlich von Funchal
Rodoeste-Busse Nr. 6, 139

Grutas e Centro do Vulcanismo de São Vicente
202 A3

Sítio do Pé do Passo, São Vicente
291 84 24 04 www.grutasecentrodovulcanismosaovicente.com
tgl.10–18 Uhr; Führungen alle 20–40 Min. je nach Teilnehmerzahl Café (€)
8 €, Kinder 6 €, unter 5 Jahren Eintritt frei

Nach Lust und Laune!

36 Boca da Encumeada

Der Encumeada-Pass liegt auf einem Bergsattel zwischen den beiden tiefsten Tälern der Insel – diese verlaufen in Richtung Süden nach Ribeira Brava und gen Norden nach São Vicente. Vom Aussichtspunkt auf dem Pass können Sie erkennen, wie die Täler das zentrale Bergmassiv zweiteilen in eine östliche Hälfte und eine westliche, das Hochplateau Paúl da Serra. Bergrutsche und Steinschläge sorgen allerdings immer wieder dafür, dass die aussichtsreiche ER 105 hinauf zur Hochebene leider meist für längere Zeit gesperrt wird. Deswegen erkundigen Sie sich vorher, ob Sie über den Encumeada-Pass nach Paúl da Serra fahren können!

Grandios: der Blick vom Encumeada-Pass

Wanderung ins Folhadal: Der Pass selbst ist Ausgangspunkt für zahlreiche Exkursionen, die in speziellen Wanderführern eingehend beschrieben werden. Es gibt wirklich herausfordernde Touren, wie zum Beispiel in Richtung Osten über die Berge des Zentralmassivs. Doch in die entgegengesetzte Richtung gibt es mit der Levada do Norte, die ins botanisch sehenswerte »Folhadal« führt, eine relativ einfache Tour. Die Befestigungen der Levadas wurden vom *levadeiro*, der sich um die Bewässerungskanäle kümmert, in hübsche Gärten verwandelt. Folgen Sie dem Weg etwa 20 Minuten bis zum Eingang eines Tunnels, so weit können Sie auch ohne Ausrüstung gehen. Schaut man nun über das Tal zum Pico Grande, sieht man, wo die Levada endet: Eine silbrig glänzende Röhre verläuft den Berg hinunter und bringt das Wasser zu einem Kraftwerk im Tal.

212 B2
36 km nordwestlich von Funchal
Rodoeste-Busse Nr. 6 und 139

37 Ponta Delgada

Alljährlich am ersten Sonntag im September findet in Ponta Delgada eines der ältesten religiösen Feste Madeiras statt. Anlass dafür ist eine Legende, nach der um das Jahr 1470 ein hölzernes Kruzifix an Land geschwemmt wurde – etwa an der Stelle, an der man kurz darauf eine

Zwischen Klippen und Meer liegt der »Calhau«, das romantische Schwimmbad von São Jorge.

erste Kapelle baute. 1908 brannte das Wallfahrtskirchlein für den »Guten Jesus« (Bom Jesus) fast völlig aus. Übrig blieb nur ein verkohlter Rest des Kreuzes, das seither in einem gläsernen Behältnis im Kirchenneubau von 1919 aufbewahrt und von der gläubigen Bevölkerung hoch verehrt wird. Auffällig im Inneren ist auch die ungewöhnliche Bemalung der Kirchendecke: Zu sehen sind u. a. Paradiesdarstellungen und ein Christusritterschiff, das die portugiesischen Entdeckungen symbolisiert. Das schön gelegene Altersheim nahe der Kirche war ursprünglich eine Pilgerherberge.

212 B4
70 km nordwestlich von Funchal
Kirche: meist tgl. 9–17 Uhr
Rodoeste-Bus Nr. 6

38 Boaventura

Südöstlich von Ponta Delgada entfernt sich die Küstenstraße vom Meer und passiert etwa zwei Kilometer später den Ort Boaventura (1500 Einw.), der lieblich eingebettet daliegt zwischen Obstkulturen und ausgedehnten Weidenpflanzungen für die einheimische Korbflechterei. Grundlage für die Fruchtbarkeit dieser Gegend ist der Wasserreichtum, da einige kleine, vom zentralen Gebirgsmassiv kommende Flussläufe hier in den Atlantik fließen. Naturverliebte Inselbesucher schätzen Boaventura als Ausgangspunkt für lohnende Wanderungen abseits der touristischen Wander-Hotspots.

212 C4
68 km nordwestlich von Funchal
Rodoeste-Bus Nr. 6

39 São Jorge

Dieses Dorf mit seinen Obst- und Weingärten ist ein lebhaftes Landwirtschaftszentrum. Hier steht eines der bemerkenswertesten Gotteshäuser der Insel. Die dem heiligen Georg geweihte, 1761 errichtete Pfarrkirche ist in ihrem äußeren Erscheinungsbild unauffällig schlicht, im Inneren aber reich mit vergoldetem Holzschnitzwerk, schönen Altarbildern und kunstvollen Azulejos geschmückt. Direkt dahinter birgt ein Strohdachhaus das kleine Lokal Casa de Palha, in dem traditionelle Gerichte raffiniert zubereitet werden. Vom Leuchtturm oberhalb der weit ins Meer hinausragenden Ponta de São Jorge bietet sich ein fantastischer Blick auf die westliche und die östliche Nordküste.

Östlich vom Dorf überquert die Straße die Ribeira de São Jorge. Im Straßenverlauf gelangen Sie am Westufer des Flusses zum »Calhau«, einer hübsch angelegten Badestelle an der Flussmündung ins Meer (S. 125). Dort gibt es künstliche und natürliche Wasserbecken, ein Café und ein Restaurant. Historische Kopfsteinpflaster-Pfade ziehen sich auf beiden Seiten des Tals entlang, sie führen nach São Jorge im Westen und nach Santana im Osten.

213 D4
52 km nördlich von Funchal
Horários-do-Funchal-Bus Nr. 103 und 138

40 Santana

Santana ist der Ort, in dem die schönsten *casas do colmo*, kleine strohbedeckte Häuser (S. 109), erhalten sind. Sie erinnern an Asterix und Obelix und wurden früher an der Nordküste von ganzen Familien bewohnt. Die herausgeputzten Häuser rund um das Rathaus hat das Tourismusamt als hübsche Fotomotive für Santanabesucher aufstellen lassen, es gibt aber im Dorf auch noch einige Originale. Die Häuser haben eine gewisse Ähnlichkeit mit den *palheiros* (Kuhställen), die überall auf der Insel stehen. Es heißt, dass dieser Haustypus von den ersten Siedlern im 15. Jh. auf Madeira errichtet wurde.

213 E3
46 km nördlich von Funchal
Horários-do-Funchal-Bus Nr. 56, 103, 138

41 Parque Temático da Madeira

Im Madeira-Themenpark rund einen Kilometer westlich vom Stadtzentrum Santanasgibt es ebenfalls *casas do colmo* zu erkunden. Mit kleineren Kindern kann man hier spielend einen halben Tag zubringen – z. B. mit Rudern oder Trampolinspringen. Die Beton-Pavillons überraschen mit spannenden Highlights: der Entdeckung des Archipels als kleine Geisterbahnfahrt; einer reich bestückten Ausstellung zur Geschichte und Kultur Madeiras – und einer erstaunlich realistischen, aber sehr ruckeligen Reise im

Simulator durch die Landschaften der Insel. Zu den weiteren Attraktionen des Parks zählen ein Handwerkerdorf und eine Wassermühle.

213 E3
Estrada Regional 101, Fonte da Pedra, Santana ☎ 291 57 0410
www.parquetematicodamadeira.pt
tgl. 10–18, im Sommer bis 19 Uhr
6 €, Kinder 4 €

42 Faial

Faial liegt am westlichen Fuß der Penha de Águia (»Adlerfels«), eines abgeflachten Vulkanfelsens, der 590 m aus dem Meer aufragt. Von Santana über die alte Verbindungsstraße kommend, bieten sich mehrere Aussichtspunkte an, von denen aus man die dem Meer zugewandte Seite des Felsens sehen kann. Ein Stück weiter die gleiche Straße hinunter gelangen Sie nach einer Linksabbiegung vor dem Dorf zur aussichtsreichen Mini-Festung Fortim do Faial aus dem 18. Jh.

213 F3
41 km nördlich von Funchal
Horários-do-Funchal-Bus Nr. 56, 103, 138

Porto da Cruz schmiegt sich an die Ausläufer schroffer Klippen und schaut aufs Meer.

43 Porto da Cruz

Porto da Cruz markiert den äußersten Punkt an der Nordostküste, zu dem man mit dem Auto fahren kann, bevor Berge und Klippen die Straße landeinwärts drängen. Von der Dorfmitte führt eine Promenade an einer der wenigen noch vorhandenen Zuckermühlen Madeiras vorbei. Wer zur Zuckerernte von März bis Mai hier ist, kann den süßlichen Geruch des Zuckerrohrs riechen – und den intensiveren des daraus destillierten Schnapses, den Sie in der Probierstube ganzjährig testen und erstehen können. Der winzige »Hafen« auf der anderen Seite der kleinen Landzunge wird – seitdem man Porto da Cruz per Staße erreicht – kaum noch genutzt, wohl aber die Meeresbadeanlage nebenan. Wilde, einsame Klippen ziehen sich von diesem romantischen Fleckchen Erde nach Nordosten; die farbige Vulkanasche und den Tuff haben Wind und Meer zerfurcht.

217 D5
45 km nördlich von Funchal
Horários-do-Funchal-Bus Nr. 133

Wohin zum ... Übernachten?

Preise für ein Doppelzimmer pro Nacht:
€ unter 90 Euro
€€ 90–150 Euro
€€€ über 150 Euro

Casa da Capelinha €

Ideal für Familienferien im ruhigen und grünen Norden der Insel. Das Gelände des restaurierten Herrenhauses verfügt neben der namensgebenden Kapelle aus dem 16. Jh. über zwölf komfortabel ausgestattete Apartments, einen Swimmingpool mit Nichtschwimmerbereich, ein kleines Restaurant und eine wundervolle Aussicht über das Meer und die Klippen. Im Sommer finden manchmal Grillabende statt.
212 B4 Terreiro, Ponta Delgada ☎ 966 00 21 98
www.casadacapelinha.com

Eira do Serrado €

Die atemberaubende Aussicht in das Nonnental wirkt sich nicht negativ auf das Preis-Leistungs-Verhältnis aus. Auf knapp 1000 Meter gelegen, kann es hier schon mal etwas kühler werden, aber die 26 Zimmer sind beheizbar, im Restaurant gibt es einen Kachelofen – und dann bietet die Anlage auch noch einen warmen Indoor-Pool und eine Sauna. Ideal für Wanderer.
215 F3 Eira do Serrado, Curral das Freiras ☎ 291 71 00 60
www.eiradoserrado.com

Quinta do Furão €€

Die schönste Zeit in diesem heimeligen Hotel am Klippenrand unterhalb von Santana ist während der Weinlese im September, wenn Sie zum Weinstampfen und Feiern eingeladen sind. Mit 45 geräumigen Zimmern, sonniger Terrasse mit Pool, internationaler Küche und exzellenter Weinkarte erfreut das Hotel jedoch ganzjährig seine naturliebenden Gäste.
213 E4 Estrada Quinta do Furão, Santana ☎ 291 57 01 00
www.quintadofurao.com

Wohin zum ... Essen und Trinken?

Preise für ein Essen (ohne Getränke, Service):
€ unter 15 Euro
€€ 15–30 Euro
€€€ über 30 Euro

BOAVENTURA

Solar de Boaventura €€

Im Restaurant des zum urigen Landhotel umgebauten Herrenhauses kommt im rustikalen Ambiente mit Balkendecke und offenem Kamin herzhaftes Essen auf den Tisch – so zum Beispiel »Espada à Solar«: Degenfisch mit Gambas. Ein echter Genuss.
212 C4 Sítio do Serrão
☎ 291 86 08 88
tgl. 12.30–15, 19–21 Uhr

FAIAL

Casa de Chá do Faial €€

Klar, in einem Teehaus gibt's vor allem guten Tee (und schmackhafte Scones mit selbst gemachtem Kompott!). Aber in diesem alteingesessenen Teehaus können Sie auch vorzüglich speisen, serviert werden vor allem die Madeira-Klassiker. Zudem ist es hier ungewöhnlich schön. Das gepflegte Anwesen liegt mitten im Grünen auf einem Bergrücken oberhalb von Faial – weite Aussichten sind also inklusive.
213 F2 Lombo de Baixo
☎ 291 57 22 23
http://casadechadofaial.pt tg. 9–21 Uhr

PORTO DA CRUZ

A Pipa €€

Lassen Sie sich von Zé, dem Wirt dieses urigen Lokals mit Kneipencharme, verwöhnen: Er ist bekannt für seine Fischgerichte (probieren Sie z.B. den Oktopus!). Sie können aber auch nur einen Imbiss bestellen oder ein Bier trinken. Oder eine Poncha.
217 D5 Rua Dr. Abel de Freitas
☎ 968 52 74 00
Di–So 12–24 Uhr

POISO

Casa do Abrigo do Poiso €€

Madeirische Speisen scheinen in diesem Bergrestaurant sogar noch besser als anderswo zu schmecken; vielleicht, weil Wanderungen in der Umgebung den Appetit anregen; vielleicht aber auch, weil die Fleischgerichte über einem Holzfeuer zubereitet werden, damit das Aroma stimmt. Zu essen gibt´s neben den zu erwartenden (wirklich guten!) Fleischspießen zum Beispiel Spanferkel, Kaninchen oder auch köstliche Degenfischgerichte.

✢ 216 B3 ✉ Poiso, Kreuzung der Straßen nach Ribeiro Frio und Pico do Arieiro ☎ 291 78 22 69 ◷ So–Do 8–22, Fr/Sa 8–23 Uhr

SÃO VICENTE

Padaria do Calhau €

Diese Bäckerei ist mehr als nur eine Backstube: Hier gibt es, so schwärmen die Madeirer, die köstlichsten Kuchen und Törtchen der Insel. Es geht aber nicht nur süß zu: Die herzhaften Snacks, die man hier bekommt, können ganze Hauptmahlzeiten ersetzen. Und das alles zu unschlagbaren Preisen und bei bester Aussicht auf das Meer.

✢ 212 A3 ✉ Estrada Regional 104, Sítio do Calhau ☎ 291 84 27 99 ◷ tgl. 6–24 Uhr

Quebra Mar €€

Speisen Sie zu den Klängen der Atlantikwellen, die gegen Madeiras Nordküste schlagen, und erfreuen Sie sich in diesem gut gelegenen Restaurant am Panoramablick über das Meer und die felsige Küste. Die Karte bietet inseltypische Gerichte mit reichlich Fisch sowie ein paar regionale Speisen wie die Romaria-Suppe von São Vicente (mit Kalbshaxe und Gemüse).

✢ 212 A3 ✉ Sítio do Calhau, São Vicente ☎ 291 84 23 38 🌐 www.restaurantequebramar.com ◷ Mo 9–18, Di–So 9–22 Uhr

SANTANA

O Colmo €€

Santanas größtes Restaurant ist ein beliebter Anlaufpunkt für Bustouren; das Personal kommt aber gut mit den vielen Gästen zurecht und verteilt sie über mehrere Säle. Ein Tipp für den nicht so großen Hunger zwischendurch ist die *Sopa de Trigo*, Weizensuppe, für die Santana berühmt ist. Sie ist hier wirklich köstlich.

✢ 213 E3 ✉ Sítio do Serrado ☎ 291 57 02 90 ◷ tgl. 7.30–22 Uhr

Estrela do Norte €

Bei Einheimischen wie Touristen angesagtes Restaurant, in dem von der Pizza bis zu regionalen Speisen alles bestellt werden kann. Auch wenn man die Gemütlichkeit im Speisesaal verbessern könnte – das Preis-Leistungs-Verhältnis ist hier noch mehr als in Ordnung.

✢ 213 E3 ✉ Pico António Fernandes ☎ 291 57 20 59 ◷ tgl. 10–22 Uhr

Quinta do Furão €€–€€€

Hoch über dem Meer, zwischen Weinhängen und Gemüsegärten, befindet sich in diesem Vier-Sterne-Hotel ein hervorragendes Restaurant mit grandioser Aussicht und köstlicher Küche. Viele Zutaten für die

Im Restaurant der Quinta do Furão

erstaunlich ausgefeilten Kreationen stammen aus dem hauseigenen Biogarten. Für Vegetarier gibt´s eine ungewöhnlich große Auswahl.
✈ 213 E4 ✉ Estrada Quinta do Furão
☎ 291 57 01 00
🌐 www.quintadofurao.com
🕐 tgl. 12–15.30, 18–21.30 Uhr

RIBEIRO FRIO

Ribeiro Frio €€
Das Restaurant liegt gegenüber einer von Quellen gespeisten Forellenzucht, daher stehen auf der Speisekarte vor allem geräucherte, gegrillte und gedünstete Forellen. Sie bekommen aber auch Spaghetti oder andere Gerichte. Vom rustikalen Restaurant haben Sie einen schönen Blick über den Fluss; wenn Sie nicht draußen sitzen können, wärmen Sie sich innen am Kamin. Die meisten Gäste suchen sich einen Tisch im Garten, sobald die Sonne herauskommt.
✈ 216 B4 ✉ Ribeiro Frio (unterhalb der Fischzucht)
☎ 919 17 98 85 🕐 tgl. 9–19 Uhr

Wohin zum … Einkaufen?

Das zentrale Bergland Madeiras hat für Touristen so manche Souvenirläden zu bieten. wer einen organisierten Ausflug unternimmt, wird einige Zeit in so einem Laden verbringen. Die Geschäfte befinden sich z. B. in Ribeiro Frio, gegenüber dem Restaurant (S 124), in der Hotelanlage O Colmo an der Hauptstraße von Santana (S. 124) oder am Encumeada-Pass (S. 119). Artikel und Preise sind weitgehend gleich, das Angebot ist enorm groß. Wer sich genauer umsieht, findet sicher etwas Besonderes – altmodische handgestrickte Pullis und Mützen etwa, wie sie die Schäfer, Waldarbeiter und levadeiros auf Madeira tragen. Schick sind die handgearbeiteten Lederstiefel und Sandalen und die hübschen T-Shirts aus Baumwolle mit gestickten madeirischen Motiven (etwa: Strelitzien).

Wem der Sinn mehr nach (Hoch-)Geistigem steht, der probiert den Rum, der in der Destillerie von Porto da Cruz (S. 122, neben der Zuckermühle) produziert und verkauft wird. Wenn Sie sich für Poncha interessieren, nehmen Sie lieber die wichtigste Zutat mit nach Hause (den Zuckerrohrschnaps Aguardente), denn die bereits fertigen Ponchas schmecken sehr künstlich und süß.
Engenhos do Norte ✈ 206 C5 ✉ E4 Rua do Cais 6, Casas Próximas ☎ 291 56 33 46
🕐 Mo–Fr 9–18, Sa 10–17 Uhr 🎟 1,50 €

Wohin zum … Ausgehen?

Complexo Balnear do Calhau de São Jorge
Abgesehen von den vor allem im Sommer stattfindenden Dorffesten ist in den Ortschaften im Norden des Inselinneren eher wenig los. Die Menschen treffen sich hier am liebsten in den einfachen Dorfkneipen. In der Flussmündung am Calhau de São Jorge gibt es ein Schwimmbad mit Terrassencafé; es ist über eine Brücke zugänglich. Das Bad liegt genau zwischen hohen Klippen und dem Meer – eine überaus romantische Lage, wie man sie nur selten findet.
✈ 213 E4 🎟 1 € 🕐 nach Verkauf des Komplexes aktuell unregelmäßig

FESTE

Am ersten Septemberwochenende wird in Ponta Delgada (S. 119) das Fest des Senhor Bom Jesus gefeiert. Das hochverehrte Kreuz der Dorfkirche wird dann bei einer Prozession durch die schön geschmückten Straßen des Dorfs getragen. Anschließend finden Musikveranstaltungen mit Volks- und modernen Tänzen statt, außerdem gibt es ein Feuerwerk und natürlich jede Menge Speis und Trank.
Am selben Wochenende wird in Porto da Cruz (S. 122), bekannt für sein Meeresschwimmbecken und lange ein Zentrum des Zuckerrohranbaus, das traditionelle Weinfest abgehalten, mit einem Umzug, kulturellen Veranstaltungen – und natürlich viel Wein.

Dramatisch schön: Badefreuden in den Lavapools der Piscinas Naturais in Porto Moniz

Im Westen

Tief im Westen... wird Madeira ganz schön einsam. Dafür umso authentischer. Und: Im Südwesten scheint am häufigsten die Sonne.

Seite 126–149

Erste Orientierung

Je weiter Sie in Richtung Westen fahren, desto wilder und vielfältiger wird die Landschaft. Sie finden Hochebenen, die an schottische Moorlandschaften erinnern, dazu Höhlen und Wasserfälle, terrassierte Hänge, schattige Levada-Wanderwege und Klippen, an denen die Brandung tost.

Nehmen Sie sich Zeit für den Westen! Entlang der Westküste sind nach dem bisherigen Ende der Ausbaustrecke nahe Prazeres so manche Kurven zu fahren. Wenn Sie einen Mietwagen haben und in aller Ruhe über Ponta do Pargo bis Porto Moniz fahren, werden Sie mit den Eindrücken einer weitgehend unberührten Landschaft abseits vom Massentourismus belohnt. Hier liegen vereinzelte Dörfer zwischen Weinfeldern und Bananenplantagen verstreut; kleine Fischerdörfer klammern sich an schmale Felsvorsprünge am Meer. Jedes ist anders, alle verdienen einen Besuch. Immer wieder eröffnen sich grandiose Aussichten von den Klippen, spektakuläre Straßen winden sich hinauf und hinab, und manchmal auch direkt am Meer entlang – sogar mit Gratis-Autodusche wegen eines Wasserfalls über die Straße! Doch der Westen hat noch mehr zu bieten als tolle Küsten: Plötzlich steht da zum Beispiel ein postmodernes Kunst- und Kulturzentrum auf einer Felskante, mit Blick auf einen goldgelben Sandstrand aus Afrika! Und auch kulinarisch werden Sie nicht enttäuscht, denn authentische Dorfrestaurants warten mit üppigen Fisch- und Fleischtellern auf. Und wenn Sie weite Ebenen und grüne Täler mögen, werden Sie Paúl da Serra und das Wandergebiet von Rabaçal lieben.

Beachten Sie, dass Sie ab Ribeira Brava derzeit nicht über den Encumeada-Pass (S. 119) hinauf zur Hochebene Paúl da Serra fahren können, denn die ER 105 ist zwischen Encumeada und Paúl da Serra bis auf Weiteres wegen Steinschlag gesperrt. Als Alternative bietet sich die Strecke über Ponta do Sol und Canhas an (ER 209).

TOP 10

4 ★★ Porto Moniz

9 ★★ Seixal

Nicht verpassen!

44 Ribeira Brava

Nach Lust und Laune!

45 Paúl da Serra & Rabaçal

46 Ponta do Sol

47 Calheta

48 Casa das Mudas

49 Jardim do Mar

50 Ponta do Pargo

Mein Tag mit Bananen und Fischen

Degenfisch mit Banane – diese schmackhafte Kombi ist wohl das typischste aller Madeira-Gerichte. Der Fisch kommt aus der Meerestiefe. Doch wo kommen die Bananen her? Das sehen Sie, wenn Sie sich in den wilden Westen der Insel begeben!

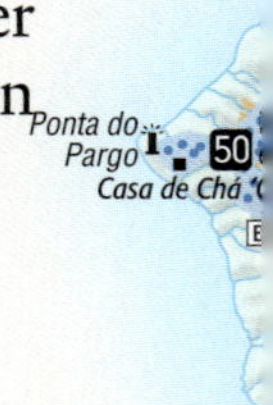

9 Uhr: Im Hafen von Câmara de Lobos

Schon wenn Sie durch das Hotelviertel von Funchal Richtung Westen fahren, bekommen Sie eine Ahnung, wie die Böden vor dem Bau-Boom genutzt wurden: mit Bananenplantagen. Oberhalb der Hauptstaße **Estrada Monumental** wird noch immer jedes Fleckchen mit Bananenstauden bepflanzt. Doch wenden wir uns erst den Fischen zu: Unser Ziel ist der Hafen von 32 **Câmara de Lobos**. Früher sind die Männer von hier aus rausgefahren, um mit über 1000 Meter langen Leinen Degenfische zu fangen. Nachts, wenn sie nicht ganz so tief schwimmen. Inzwischen bleiben die Kutter zwei Wochen auf See, die pittoresken bunten Boote, die schon von Winston Churchill gemalt wurden, liegen nur noch als Fotomotive im Hafen. Spazieren Sie durch die von Lavazungen geschützte Bucht und besuchen Sie die alte Kapelle zu Ehren der Muttergottes, in der die Fischer für eine heile Wiederkehr vom Meer beteten. In einer der vielen Bars in der Altstadtgasse gönnen Sie sich einen Kaffee (auch wenn es hier immer Einheimische gibt, die schon morgens Poncha und Schnaps vertragen).

18 Uhr: Degenfisch mit Banane

15 Uhr: Wie ein Fisch im Wasser

13 Uhr: Mittagspause in Ponta do Pargo

9 Uhr: Im Hafen von Câmara de Lobos

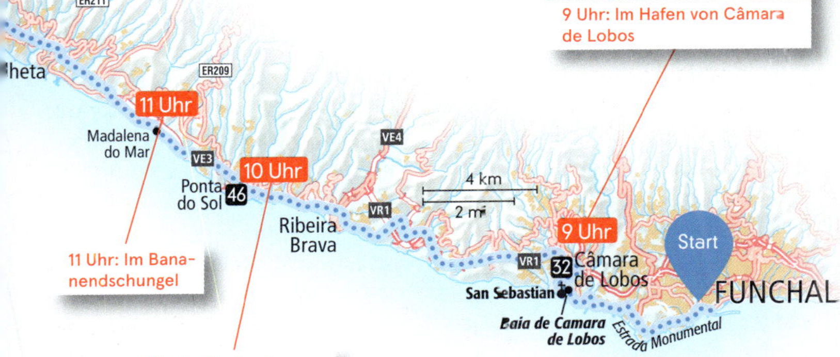

11 Uhr: Im Bananendschungel

10 Uhr: Ein Spaziergang durch Ponta do Sol

Die Fischerboote am Strand von Câmara de Lobos sind ein beliebtes Fotomotiv (oben).

Der Leuchtturm von Ponta da Pargo markiert den westlichsten Punkt Madeiras (links).

Im Bananendschungel der Plantage von Madalena do Mar

10 Uhr: Ein Spaziergang durch Ponta do Sol

Weiter geht's Richtung Westen, in das sonnige Örtchen 46 Ponta do Sol. Tatsächlich wird die Südwestküste am meisten von der Sonne verwöhnt – und niemand freut sich darüber so sehr wie die Banane. Vom markanten Felsen am östlichen Ende der kleinen Bucht (am Restaurant Sol Poente) haben Sie eine tolle Aussicht aufs Meer, auf den hübschen Ort und auf die steilen Bananen-Terrassen an den Hängen.

11 Uhr: Im Bananendschungel

Auf der alten Küstenstraße zwischen Ponta do Sol und Madalena do Mar (ER 101) gibt's erst mal eine Gratis-Autowäsche, sofern die Straße nicht gerade wegen Steinschlaggefahr gesperrt ist. In dem

Die hübsch hergerichteten Altstadtgässchen von Ponta do Sol klemmen sich zwischen die steilen Bananenterrassen und das Kieselsteinufer (rechts).

Fall kommen Sie auch durch die Tunnelstrecke nach **Madalena do Mar**. Hier halten Sie an der Uferstraße (etwa 100 Meter hinter dem Restaurant Cantinho da Madalena) und suchen den winzigen Eingang in den Pfad »Vereda da Vargem«. Und schon sind Sie mitten drin in den Tiefen einer **Bananenplantage** (frei zugänglich). Auf dem Weg hinauf Richtung Dorfkirche haben Sie ausführlich Gelegenheit, die berühmte Madeira-Banane in all ihren Reifestufen aus der Nähe zu bewundern. Etwa 20 000 Tonnen werden jährlich auf der Insel produziert.

13 Uhr: Mittagspause in Ponta do Pargo

Die Strecke bis in den äußersten Westen der Insel ist ab Prazeres ziemlich kurvig, der Ausbau geht

Foto unten: Zum Abschluss dieses wunderbaren Tags im Inselwesten mundet natürlich Degenfisch mit Banane – was sonst?

nur langsam voran. Der westlichste Ort Madeiras, 50 **Ponta do Pargo**, ist nach einer Sackbrassenart benannt, die hier häufig gefangen wurde.

Wundervolle weite Blicke über diesen noch sehr ursprünglichen Küstenstreifen eröffnen sich am Leuchtturm. Nicht weit von hier bietet sich das gemütliche Teehaus »Casa de Chá O Fío« (S. 148) für eine aussichtsreiche Mittagspause an.

15 Uhr: Wie ein Fisch im Wasser

Jetzt haben Sie schon so viel Meer gesehen, da möchten Sie auch endlich mal reinspringen? Kein Ort ist besser dafür geeignet als 4 ★★ **Porto Moniz** mit seinen tollen Meeresschwimmbecken. Und vielleicht gibt's unter der Wasseroberfläche auch den ein oder anderen Atlantikbewohner zu sehen! Falls Ihnen das Meer zu kalt ist,

Eine Badelandschaft, die man nicht vergisst, sind die tollen Meerwasserschwimmbecken von Porto Moniz (großes Foto und links oben).

können Sie die Fische auch in dem kleinen Aquarium bewundern, es ist in der ehemaligen Festung des Ortes untergebracht.

18 Uhr: Degenfisch mit Banane

Wie sonst soll dieser Tag zu seinem kulinarischen Höhepunkt kommen, wenn nicht mit einer großen Portion Degenfisch mit Banane! In Porto Moniz bietet jedes Lokal »Peixe Espada com Banana« an, besonders spektakulär sitzen Sie im Sea View Restaurant oberhalb der Meeresschwimmbecken. Lassen Sie es sich schmecken!

i

Länge der Tour (ab Zentrum Funchal): 75 km (Funchal – Câmara de Lobos – Ponta do Sol – Madalena do Mar – Ponta do Pargo – Porto Moniz) [inkl. zurück nach Funchal: 125 km]

Sea View Restaurant

✉ Hotel Aqua Natura, Rotunda da Piscina 3

☎ 291 64 01 00

🌐 www.aquanaturamadeira.com

🕐 tgl. 12–21.30 Uhr

❹ ★★ Porto Moniz

Warum?	Weil man da so toll baden und flanieren kann
Was?	Die Meeresschwimmbecken, eine nette Uferpromenade und viele Einkehrmöglichkeiten
Wie lange?	Mindestens einen halben Tag
Wann?	Bei Sonnenschein!
Was noch?	Die Fische im Aquarium
Was nehme ich mit?	Salz auf der Haut und ein gutes Gefühl

Seinen Namen verdankt der Ort dem portugiesischen Adligen Francisco Moniz, der sich 1533 hier niederließ. Dank einer weit ins Meer vorspringenden Felszunge und der mit einem Leuchtturm bebauten Ilhéu-Mole ist Porto Moniz der bestgeschützte Hafenplatz an Madeiras Nordwestküste. Den Ort bekommen Sie wahrscheinlich zuerst aus der Vogelperspektive zu sehen – jedenfalls wenn Sie von Süden kommen und am Aussichtspunkt von Santa Halt machen. Er liegt an der Straße, die sich von den Bergen hoch über dem Dorf nach unten schlängelt. Vor Ihnen breitet sich ein Fleckenteppich von kleinen Feldern aus, die durch Mäuerchen voneinander getrennt sind. Schauen Sie allerdings genauer hin, werden Sie feststellen, dass es sich dabei um niedrige Zäune aus getrocknetem Adlerfarn, Stechginster und Baumheide handelt. Sie sollen Kartoffeln, Zwiebeln, Kohl und Wein vor dem starken Wind und Regen vom Atlantik her schützen.

Glänzend isoliert

Das Gefühl, am Ende der Welt zu sein, ist mittlerweile eine Täuschung, denn über die Tunnels der VE2 lässt sich Funchal von Porto Moniz aus in nur 75 Minuten erreichen. Dennoch vermittelt das Dorf zunächst das Gefühl von Einsamkeit, denn wenn Sie von hier aus an der Nordküste entlangblicken, sehen Sie nichts als turmhohe Klippen und die hohe Brandung des Atlantiks. Während des Sommers aber verwandelt sich Porto Moniz in einen der beliebtesten Badeorte Madeiras. Die Piscinas Naturais, eine Ansammlung

natürlicher Becken im felsigen Untergrund an der Küste, wurden vergrößert und durch Betonkanäle miteinander verbunden. So entstand eine halb natürliche, halb künstliche »Badewelt«, in der Sie ohne Gefahr baden können.

Zwei Attraktionen von Porto Moniz sind auch für Familien mit Kindern geeignet. Wechselausstellungen im Centro de Ciência Viva bringen Groß und Klein naturwissenschaftliche Themen auf vergnügliche Weise nahe. Das Aquário da Madeira ist in einer Nachbildung jener Festung untergebracht, die Porto Moniz einst vor Piraten schützen sollte. Das Aquarium ist nicht groß, aber bei Kindern ein Hit.

Die vorgelagerte kleine Insel Ilhéu Mole wird von einem kleinen Leuchtturm gekrönt und dient ansonsten als natürlicher Wellenbrecher von Porto Moniz.

Levada-Wanderung Ribeira da Janela

Wenn Sie gerne wandern, fahren Sie zum Ortsteil Lamaceiros, fünf Kilometer südlich von Porto Moniz. Am Wasserreservoir beginnt der Wanderweg entlang der Levada da Rib-

Das Restaurant Cachalote hat die beste Lage auf den Vulkanfelsen hinter den Meerwasserschwimmbecken.

eira da Janela. Immer wieder haben Sie beeindruckende Ausblicke ins steil abfallende Tal der Ribeira da Janela mit seinen Terrassierungen und Lorbeerwäldern. Nehmen Sie eine Taschenlampe für die Tunnel mit! Wenn Sie am Wasserhäuschen nach dem zweiten Tunnel umkehren, kommen Sie hin und zurück auf zwölf Kilometer Wanderstrecke.

KLEINE PAUSE

In Porto Moniz gibt es ein großes Angebot an Lokalen – vom Café bis zum eher formellen Restaurant. Das **Cachalote** (S. 148) bietet den schönsten Blick aufs Meer. Außerdem gibt es hier eine interessante Ausstellung zum Thema Walfang, der einst auch in Porto Moniz betrieben wurde.

---

i

210 C5 · 75 km nordwestlich von Funchal · Rodoeste-Bus 80 und 139

Touristeninformation
Rotunda das Piscinas · 291 85 30 75
Mo–Fr 10–17, Sa 10–12.30 Uhr

Aquário da Madeira
291 85 03 40 · tgl. 10–18 Uhr · 7 €

Centro de Ciência Viva
291 85 03 00
tgl. 10–18 Uhr
3,50 €, Kombiticket mit Aquário 8 €

Piscina Naturais
tgl. 9–17 Uhr (im Sommer bis 19 Uhr)
1,50 €

❾ ★★ Seixal

Warum?	Die steilen Felsen am Meer sind wirklich beeindruckend
Was?	Schwarzer Sand, Wasserfälle, schmale Täler, steile Wände und ursprüngliche Ortschaften
Wie lange?	Mindestens einen halben Tag
Wann?	Tagsüber, Sonnenschein schadet nicht
Was noch?	Pack' die Badehose ein!
Was nehme ich mit?	Einen erweiterten Tunnelblick

Madeiras nordwestliche Küste rund um den bisher noch kaum touristisch bekannten Weinanbauort Seixal bietet eine eindrucksvolle Landschaft mit steilen Klippen, tosenden Wasserfällen, von aufgetürmten Steinen umzäunten Weinterrassen, an Meeresungeheuer erinnernden Felseninseln und in Wolken eingehüllten Bergen.

Die ganze Dramatik dieses herrlichen Küstenabschnitts erschließt sich Ihnen allerdings nur, wenn Sie die Tunnelstrecke zwischen São Vicente und Porto Moniz an den Stellen verlassen, wo es noch möglich ist – vor allem im zunächst unscheinbaren Örtchen Seixal. Die meisten sausen daran vorbei oder halten höchstens an dem mit einem riesigen Souvenirladen versehenen Aussichtspunkt »Véu da Noiva« (Brautschleier). Der Stopp lohnt sich, denn erstens sehen Sie hier noch Teile der alten, inzwischen zum Teil verschütteten Küstenstraße, die abenteuerlich am Hang entlang führte, und zweitens haben Sie einen tollen Blick auf die etwa 60 Meter hohe Kaskade, die östlich von Seixal – wie ein Brautschleier – die Klippen hinunter rauscht.

Am Strand von Seixal

Der einzige größere Ort zwischen Porto Moniz und São Vicente wird Sie zum Staunen bringen. Zum Beispiel gibt es hier den kleinsten Friedhof der Insel (und den mit der schönsten Aussicht!). Man merkt, wie wohl sich die Menschen in Seixal fühlen: Die Vorgärten sind liebevoll gepflegt, nicht selten mit unzähligen Orchideen. An jeder freien Stelle ranken die wertvollen Trauben für den trockenen Madeirawein. Doch die Straßen sind schmal, und so fahren die Ausflugsbusse hier einfach vorbei – die wirklich tollen Ecken erreicht man nur mit einem Mietwagen. Dazu gehört vor allem der idyllisch gelegene schwarze Sandstrand von Seixal, zu dem nur eine steile Straße hinunterführt: Biegen Sie am östlichen Ortseingang rechts in Richtung »Cais« ab, dann gelangen Sie zum winzigen »Hafen«, zum Strand (mit irrer Aussicht auf die grünen Steilwände!) und zum Clube Naval mit seiner geschützten Meeresbadebucht und der chilligen Lounge Bar. Doch damit nicht genug! Am westlichen Ortsende führt eine Straße am Ufer entlang zur Praia da Laje mit Beachbar und einem weiteren kleinen Sandstrand, der sich hinter einer ins Meer ragenden Felszunge verbirgt. Seixal ist wahrlich gesegnet mit schönen Badestellen!

Chão da Ribeira und Ribeira da Janela

Wer noch etwas Zeit für zwei Abstecher hat, der sollte sich von Seixal aus auf den Weg nach Chão da Ribeira machen. Die Straße schlängelt sich immer weiter hinauf in das schmale und von wilder Natur umgebene, jedoch noch immer emsig landwirtschaftlich genutzte Tal. Vor allem am Wochenende sehen Sie hier viele Madeirer, die sich – inzwischen meistens im Nebenerwerb – um ihre Felder kümmern.

Zurück auf der Tunnelstrecke Richtung Porto Moniz lohnt sich ein weiterer Halt: Im Tal der Ribeira da Janela,

Praia do Porto heißt der schwarze Sandstrand von Seixal.

Bei der Levada-Wanderung Ribeira da Janela (S. 13[illegible]) öffnen sich immer wieder beeindruckende Blicke ins steil abfallende Tal mit seinen Terrassen und Lorbeerwäldern.

Madeiras längstem Fluss, sehen Sie rechter Hand eine vorgelagerte Felseninsel mit einem bogenförmigen Loch, das dem »Fenstertal« seinen Namen gab. In diesem Bereich, in dem sich übrigens auch ein Campingplatz und ein wichtiges, von Levadawasser gespeistes Elektrizitätswerk befindet, ist die alte Küstenstraße nicht gesperrt: Sie können im Mündungsbereich halten und den fotogenen »Fensterfels« aus der Nähe inspizieren.

Sollten Sie für die Rückfahrt eine andere Route suchen, fahren Sie ab der Brücke das Tal Ribeira da Janela hinauf. Die Straße Richtung Paúl da Serra schlängelt sich zunächst durch das langgezogene Straßendorf Ribeira da Janela, immer wieder haben Sie großartige Ausblicke. Nach etwa zwölf Kilometern weist ein Schild nach links zum Forsthaus von Fanal. Hier beginnt ein Wandergebiet, in dem Sie einige von Madeiras ältesten Lorbeerbäumen bewundern können.

KLEINE PAUSE

Die Lokale in Seixal sind für Fisch und Meeresfrüchte bekannt. Gut und günstig sind die Gerichte im Restaurant **Solmar** (Sitio da Ponte, Tel. 291 85 48 54, tgl. 8.30-24 Uhr).

✈ 211 E4

44 Ribeira Brava

Warum?	Weil das nette Städtchen zum Spaziergang am Meer einlädt
Was?	Hübsche Cafés, eine sehenswerte Kirche und ein Museum über das Leben früher auf der Insel
Wie lange?	Mit Café und Museum zwei bis drei Stunden
Wann?	Tagsüber
Was noch?	Steigen Sie auf den Felsen am Ostrand der Bucht, da haben Sie eine schöne Aussicht auf den Ort und das Meer
Was nehme ich mit?	Im Museumsshop finden Sie hübsches Kunsthandwerk und Folklore-CDs

In den Sommermonaten nicht mehr als ein besseres Rinnsal, kann der Bach, der dem Ort seinen Namen gab, im Winter schnell zu einem reißenden Gewässer (»Ribeira Brava«) werden. Bedeutung erlangte die Stadt dadurch, dass sich hier ein wichtiger Nord-Süd-Weg über den Encumeada-Pass und ein Ost-West-Handelsweg kreuzen. Bei einem Spaziergang durch den Ort sehen Sie einige hübsche Beispiele für die typische Architektur von Madeira: bunte Fensterläden, schmiedeeiserne Balkongitter und fein gegliederte Fassaden. An der Uferpromenade sind die Reste eines alten Forts zu sehen, das im 17. Jh. zum Schutz vor Korsarenüberfällen errichtet wurde. Heute sitzt dort die Touristeninformation.

Auferstanden aus Ruinen

Die schachbrettartigen Straßen sind das Ergebnis umfassender Wiederaufbaumaßnahmen nach dem Erdbeben von 1748. Die Hauptgasse, die Rua Visconde de Ribeira Brava, führt an eleganten Stadthäusern und dem mit einer rosa Mauer umgebenen Rathaus in einem hübschen Garten vorbei. Es war einst der Familiensitz des Regenten von Ribeira Brava, des Grafen Francisco Correia.

Gegenüber ragt an einem mit kunstvollen Pflastermosaiken verzierten Platz die Igreja de São Bento auf. Beachtung im Kircheninneren verdienen die Kanzel im manuelinischen Stil, die prachtvollen Barockaltäre und einige kunstvolle Azulejos. Das Taufbecken aus dem 16. Jh. war ein Geschenk

Die Stadtkirche Igreja de São Bento ist eine Kerze wert.

König Manuels I. An den Seitenwänden des Chors sieht man wertvolle Gemälde flämischer Künstler.

Wer sich für die Geschichte von Madeira interessiert, dem sei ein Besuch im modernen Volkskundemuseum *(Museu Etnográfico)* empfohlen. Untergebracht ist es in einer alten Zuckerrohrmühle mit Rumbrennerei in der Rua de São Fancisco am Rand der Altstadt. Interessant aufbereitet, bietet es Informationen über die madeirische Fischerei, das ländliche Madeira, die Weinproduktion sowie die Herstellung von Weinfässern, zudem Wissenswertes über das Weberhandwerk. Auch alte Korbschlitten und Ochsenkarren sind ausgestellt.

KLEINE PAUSE

Entlang der Promenade gibt es eine Reihe vonLokalen. Die unprätentiöse **Pizzaria A Chave** (tgl. 10–23 Uhr) liegt im Obergeschoss des Centro Comercial Mar a Vista.

---

i

214 C2

32 km westlich von Funchal
viele Cafés und Lokale (€–€€)
Rodoeste-Bus 4, 6, 7, 8, 80, 107, 115, 139, 146
Forte de São Bento ☎ 291 951675
Mo–Fr 10–16, Sa 10–12.30 Uhr

Igreja de São Bento
Rua dos Camachos 20
tgl. 8–18 Uhr

Museu Etnográfico da Madeira
Rua de São Francisco 24
☎ 291 952598 Di–Fr 9.30–17, Sa 10–12.30, 13.30–17.30 Uhr 3 €

Nach Lust und Laune!

45 Paúl da Serra & Rabaçal

Die Hochebene Paúl da Serra ist Madeiras Wasserreservoir. Ihr poröses Gestein wirkt wie ein Schwamm. Das Wasser fließt in zahlreichen Levadas talwärts. In einem markanten Taleinschnitt liegt das Forsthaus von Rabaçal. Wahrhaft atemberaubend ist dort die Umgebung, eine waldreiche Landschaft, in der sich alte Lorbeerbaum- und Baumheidebestände mit Farnen, Moosen und Flechten abwechseln. Ein Paradies für Levadawanderer.

Die beiden berühmtesten Wanderungen des Rabaçal-Tals beginnen am Forsthaus. Dorthin gelangen Sie vom Wanderparkplatz an der ER 110 mit dem kostenpflichtigen Shuttlebus (tgl. 9.30–17.30 Uhr, 5 Euro hin und zurück) oder Sie gehen die knapp zwei Kilometer zu Fuß. Am lauschigen Forsthaus (in dem Sie übrigens auch prima einkehren können!) teilt sich der Weg. Eine leichte, etwa halbstündige Wanderung führt entlang der Levada do Risco zur »Cascata do Risco«, einem spektakulären Wasserfall, der eine etwa 100 Meter hohe Wand hinunterstürzt. Den gleichen Weg geht es wieder zurück.

Um auf die beliebte Levada das 25 Fontes zu kommen, steigen Sie unweit des Forsthauses die ausgeschilderte Naturtreppe hinunter und folgen der Levada etwa eine Stunde lang entgegen der Fließrichtung durch den dichten Lorbeerwald, bis Sie das Ziel erreichen: An der von Farnen begrünten Felswand rieselt das Wasser aus 25 Quellen in einen malerischen See. Diese Tour ist nicht ganz ungefährlich, da der Weg sehr schmal ist (Schwindelfreiheit und Trittsicherheit sind Pflicht!) und sich hier tagsüber unzählige Wandergruppen begegnen. Besser Sie kommen sehr früh oder erst spät am Nachmittag!

Macht Laune: eine Fahrradtour auf der Hochebene Paúl da Serra.

Ein Ort für Sonnenuntergänge: das Café auf den Klippen bei Ponta do Sol

↟ 214 C5 (Paúl da Serra),
↟ 214 B5 (Rabaçal)
✉ 60 km nordwestlich von Funchal

46 Ponta do Sol

Der »Sonnenpunkt« (Ponta do Sol) wurde bereits um 1450 gegründet, erhielt 1501 Stadtrechte und war lange ein Zentrum des Zuckerrohranbaus. Heute sieht man hier statt des Zuckerrohrs Bananenplantagen. Das besondere Flair des lieblichen Ortes wird von dem schmalen Mündungsbereich der Ribeira bestimmt: Die hübsch hergerichteten, denkmalgeschützten Altstadtgässchen rund um die Kirche klemmen sich zwischen die steilen Hänge am Kieselsteinufer und ermöglichen – vor allem von der befestigten Felszunge am Ostrand aus – tolle Motive. Im Ort befindet sich auch das nach dem amerikanischen Schriftsteller John dos Passos (1896–1970) benannte Kulturzentrum, das für ein reges Kulturprogramm sorgt.

↟ 214 B3 ✉ 42 km westlich von Funchal 🍴 Sol Poente Snack Bar (€) 🚌 Rodoeste-Bus Nr. 4, 8, 115, 142, 146

Centro Cultural John Dos Passos
✉ Rua Príncipe D. Luís 3
🕘 Mo–Fr 9–17.30 Uhr ☎ 291 97 40 34

47 Calheta

Calheta zählt ebenfalls zu den ältesten Siedlungen auf Madeira. Der Madeira-Entdecker Zarco soll hier große landwirtschaftliche Anbauflächen an seine Kinder vergeben haben. Heute ist Calheta ein ruhiger, attraktiver Badeort, in dem eine Mole die Schwimmer vor den Atlantikwellen schützt. Mit hellem Sand aus Afrika wurden zwei künstliche Strände angelegt. Außerdem entstand ein Jachthafen. In der um 1430 errichteten, 1639 umgebauten Pfarrkirche ist eine kunstvoll im Mudejarstil gearbeitete Holzdecke im Chor zu bewundern. Beachtung verdient auch ein von König Manuel I. gestiftetes Tabernakel aus Ebenholz mit Silbereinlegearbeiten. Neben der Kirche können Sie eine alte Zuckerfabrik (Engenho da Calheta) besichtigen, die zur Erntezeit im April und Mai in Betrieb genommen wird, und im kleinen Probierraum die Produkte Rum, Aguardente und Zuckersirup testen und erwerben. Auch eine von der Straße aus zugängliche Bar gehört zur Anlage (Adega do Engenho, tgl. 9–24 Uhr).

⊹ 210 C1 ✉ 61 km westlich von Funchal
🚌 Rodoeste-Bus Nr. 80, 107, 115 und 142

Engenho da Calheta
✉ Avenida D. Manuel I 29 ☎ 291 82 22 64
● Mo–Fr 8–19, Sa/So 10–19 Uhr
➧ Probe inkl. Kuchen: 1,20 €

48 Casa das Mudas

Etwas oberhalb des Hauptorts Calheta Richtung Estrela da Calheta balanciert auf einer zum Meer steil abfallenden Klippe das Mudas – Museu de Arte Contemporânea. Der Designer-Bau aus lavagrauem Stein dient seit 2015 als Museum für zeitgenössische Kunst, er birgt zudem eine Art-déco-Kollektion. Die Aussicht ist jedenfalls spektakulär.

Mudas – Museu de Arte Contemporânea
⊹ 210 C1 ✉ Estrada Simão Gonçalves da Câmara 37 ☎ 291 82 09 00 ● Di–So 10–17 Uhr

49 Jardim do Mar

Den idyllischen »Garten des Meeres« sollte man zu Fuß erkunden. Die wenigen Mini-Gässchen des kleinen Fischerorts sind mit hübschen Mosaiken kunstvoll gepflastert. Am zentralen Platz steht die Kirche Nossa Senhora do Rosário, gebaut mit Geldern von Emigranten des Dorfes und tatkräftiger Hilfe der verbliebenen Dorfbewohner. Die aufgemalte Rosette soll der Rosette von Notre-Dame in Paris nachempfunden sein. Ein Pfad führt hinab zum Meer, vorbei am schön gelegenen Friedhof und der Ruine einer Zuckerrohrfabrik zum kleinen Hafen. Eine großzügige Promenade zieht sich an der Küste entlang. Erfahrene Surfer schätzen den Ort wegen der guten Brandung.

⊹ 210 B1 ✉ 70 km westlich von Funchal 🚌 Rodoeste-Bus Nr. 80, 115

50 Ponta do Pargo

Neue Bebauung – eine Schnellstraße, ein überdimensionales Altersheim und ein inzwischen wieder aufgegebenes Golfplatzprojekt – haben die einstige Bauerngemeinde kräftig verändert. Am westlichsten Punkt Madeiras weist der höchstgelegene (392 m) Leuchtturm Portugals Schiffen den Weg um die Insel und bietet eine grandiose Aussicht über die Westseite.

⊹ 210 A3/4 ✉ 97 km westlich von Funchal 🚌 Rodoeste-Bus Nr. 80 und 142

Der Leuchtturm von Ponta do Pargo

Wohin zum ... Übernachten?

Preise für ein Doppelzimmer pro Nacht:
€ unter 90 Euro
€€ 90–150 Euro
€€€ über 150 Euro

Estalagem Ponta do Sol €€
Hoch über den Klippen des sonnenreichsten Ortes von Madeira, Ponta do Sol, liegt dieses Designhotel (54 Z.). Es verbindet Entspannung in der Natur und spektakuläre Aussicht auf den Atlantik mit modernster Architektur.
214 B3
Quinta da Rochinha
Ponta do Sol
291 97 02 00
www.pontadosol.com

Jardim do Atlântico €€€
Dieses auf Nachhaltigkeit und Feng Shui bedachte Hotel liegt unweit von Jardim do Mar an der Südwestküste. Es wurde 2018 von Grund auf renoviert. Mit dem Fitnesscenter, der Bäderlandschaft und der großen vegetarischen Auswahl im Restaurant spricht es vor allem gesundheitsbewusste Naturliebhaber an. Im großzügigen Garten gibt es einen 800 Meter langen Barfußweg und sogar eine FKK-Terrasse. In der näheren Umgebung können Sie wunderbar wandern, radfahren oder surfen.
210 B2 Lombo da Rocha 1
Prazeres
291 82 02 20
www.jardimatlantico.com

Hotel Salgueiro €
Nur wenige Schritte von den berühmten Lavapools von Porto Moniz entfernt befindet sich diese freundliche und familiäre Pension. Das dazugehörige Restaurant zählt zu den besten des Ortes und serviert frischen Fisch und gegrillte Napfschnecken (*lapas grelhadas*).
210 C5 Lugar do Tenente 34
Porto Moniz
291 85 00 80
www.hotelsalgueiro.com

Wohin zum ... Essen und Trinken?

Preise für ein Essen (o. Getränke, Service):
€ unter 15 Euro
€€ 15–30 Euro
€€€ über 30 Euro

CALHETA

New Era €€
Weltoffen liegt dieses sympathische Restaurant im Jachthafen von Calheta. Bei einem kühlen Glas Wein oder einem guten Cocktail lässt man den Blick sehnsuchtsvoll von der überdachten Terrasse über die Boote schweifen. Zu essen gibt es Grillgerichte und mediterrane Küche. Es werden bevorzugt saisonale Produkte aus der Region verwendet. Ein Highlight sind die am Tisch flambierten Gerichte.
210 C1 Avenida D. Manuel I, Porto Recreio Loja 8 914 237573
tgl. 10 bis 23 Uhr

CHÃO DA RIBEIRA

Casa de Pasto Justiniano €
Der Abstecher von Seixal in das grüne, von Lorbeerwald umgebene Tal von Chão da Ribeira lohnt sich nicht nur aus landschaftlichen, sondern auch aus kulinarischen Gründen: Hier befindet sich das urige, familiäre Lokal von Justiniano Silva. Er serviert hervorragende Fleischspieße. Eine weitere köstliche Spezialität ist die gefüllte Forelle.
211 E3/4 Chão da Ribeira
291 85 45 59
www.casadepastojustiniano.com
Mi–Mo 9–20 Uhr

JARDIM DO MAR

Joe's Bar €
Seit die Surfer Jardim do Mar als madeirischen Hotspot für sich entdeckt haben, ist dies das Lokal ihrer Wahl – ob für die Pause zwischendurch oder abends zum längeren Verweilen. Hier kann man nach einem Tag am und auf dem Meer gut entspannen, ein

gutes Thunfischsteak oder einfache Sandwiches, Salate, Omeletts und Pastagerichte genießen und dabei jeden Stress vergessen.
210 B1 Vereda da Igreja 12
966 13 02 08 Mo–Sa 10–24 Uhr

PRAZERES

Chico €
Maritim-gemütlich die Einrichtung, maritim-köstlich die Gerichte. Sie bekommen aber auch Fleischspieße und andere Madeira-Klassiker, dazu gibt's guten portugiesischen Wein. Wenn Sie mal durch Prazeres kommen, ist Chico die erste Wahl!
210 B2 Rua da Ingreja 968 574 769
www.facebook.com/restaurantechicocalheta Do–Di 10–23 Uhr

PONTA DO PARGO

Casa de Chá O Fío €
Das O Fío bezeichnet sich selbst als Teehaus, bietet aber mittags auch einen Imbiss. Richtig zum Leben erwacht es allerdings erst bei Sonnenuntergang, wenn Fremde und Einheimische sich auf die Terrasse vor dem Haus setzen, um den Anblick zu genießen, wie die Sonne allmählich im Atlantik versinkt. Mittags sorgt die herzhafte Gemüsesuppe für neue Energie beim Wandern – oder auch der Degenfisch mit Wein- und Knoblauchsoße.
210 A3/4 oberhalb vom Leuchtturm
291 88 25 25 Mo–Sa 11–21 Uhr

O Forno €
Der offene Holzofen – das Herzstück dieses einfachen, aber herzlichen Lokals – sorgt für die große Beliebtheit bei den Einheimischen. Eine madeirisch-venezolanisch-englische Familie hat sich hier einen Lebenstraum erfüllt und kümmert sich nun um das leibliche Wohl der Gäste. Es gibt saftige Espetadas und gegrillten Fisch, aber auch gute vegetarische Optionen. Zum Nachtisch vielleicht Ananas-Kokos-Chilli-Crumble? Eine Offenbarung! Nach dem Schlemmen bekommen Sie eine hochgelobte Poncha.
210 A3/4 Estrada Ponta do Pargo 316
291 09 83 41 Di–So 11–22 Uhr

PORTO MONIZ (NORDKÜSTE)

Cachalote €€
Das Cachalote sieht zwar auf den ersten Blick aus wie ein funktionaler Kastenbau, aber es lockt wegen seiner köstlich zubereiteten Meeresfrüchte und der spektakulären Lage auf den Felsen Gäste von weit her an. In den Lavabecken neben dem Außenbereich können Sie eine Runde schwimmen, bevor Sie sich im Lokal wieder stärken.
210 C5 Rua do Forte de São João Baptista 291 85 31 80 http://restaurantecachalote.com tgl. 10–19 Uhr

Orca €€
Auch hier können Sie sich vom Meer verzaubern lassen, während Sie sich den frischen Fisch schmecken lassen. Die Fenster des großen Restaurants reichen vom Boden bis zur Decke und gehen auf die natürlichen Wasserbecken von Porto Moniz hinaus, sodass Sie die hohen Atlantikwellen heranrollen sehen.
210 C5 Rua Engenheiro Americo
291 85 00 00 tgl. 11–21.30 Uhr

Polo Norte €
Der Name (»Nordpol«) des Lokals ist ein scherzhafter Hinweis auf seine Lage am äußersten Nordzipfel der Insel. Hier können Sie ebenso hervorragend wie preiswert essen.
210 C5 Porto Moniz, Rotunda da Piscina
291 85 33 22 tgl. 12–22 Uhr

Fleischspieße gehören zu Madeiras Klassikern.

Vila Baleia €€
Elegantes Restaurant mit viel Fisch und traditionellen Speisen. Die Portionen sind großzügig bemessen, das Weinangebot ist sehr gut. Erkundigen Sie sich nach den lokalen Weinen, die hier in der Karaffe serviert werden.
210 C5 Rua Forte São João Baptista
291 85 31 47 tgl. 10–23 Uhr

RIBEIRA BRAVA

Borda d'Água €€
Das Lokal liegt am westlichen Ende des Strandabschnitts und punktet mit einer palmenbeschatteten Terrasse. Auf den Tisch kommen gegrillte Garnelen ebenso wie Tintenfischeintopf und vollständige Menüs auf der Basis von Fisch.
214 C2 Rua Eng. Pereira Ribeiro
291 95 76 97 tgl. 8–24 Uhr

Muralha Terrace €€
Das jenseits des Flusses über einem städtischen Parkhaus gelegene Café-Bar-Restaurant mit modernem Interieur und aussichtsreicher Terrasse ist ideal für warme Sommernächte. Auf der Karte stehen Thunfischsteak, Rindfleischspieße und weitere Leckereien.
214 C2 Estrada Regional 220
291 95 25 92 Di–So 12–2 Uhr

Wohin zum … Einkaufen?

In diesem ländlichen Gebiet sind die Einkaufsmöglichkeiten eher begrenzt, doch finden sich etwa in Ribeira Brava ein paar interessante traditionelle Läden, die einen Blick selbst dann lohnen, wenn man nichts kaufen möchte. Der dem **Museu Etnográfico do Madeira** (S. 143) angeschlossene Shop bietet handgearbeitete Lederschuhe, Holzeinlegearbeiten, Bücher und CDs.
In Calheta können Sie in der **Engenho da Calheta** (S. 145), einer immer noch aktiven Zuckermühle, Rum und den auf Rum basierenden **aguardente** erstehen.

Wohin zum … Ausgehen?

BARS

So manche Dorfkneipe entpuppt sich am Abend als – vor allem bei den Einheimischen – angesagte Bar. Dazu gehört zum Beispiel die **Moinho-Bar in Maloeira** (Estrada Regional 222, Maloeira, Tel. 291 87 21 81, tgl. 7–24 Uhr) zwischen Prazeres und Fajã da Ovelha, wo es bis spät in die Nacht köstliche Ponchas gibt. In Paúl do Mar schlürfen Sie zum Sonnenuntergang und länger Mojitos in der bei Surfern beliebten **Maktub Bar** (Avenida dos Pescadores Paulenses 160, Paúl do Mar, Tel. 915 860 898, www.facebook.com/MaktubPub). Und in Seixal füllt sich **Kalhau's** (Edificio Brisa Mar, Cais do Seixal, Tel. 291 85 44 76, nur im Sommer tgl. 12–2 Uhr) direkt am schwarzen Sandstrand mit Nachtschwärmern.

FESTE UND JAHRMÄRKTE

In der zu Ponta do Sol gehörenden Gemeinde Canhas findet immer **Ende April/Anfang Mai** die **Mostra da Cana-de-Açúcar** statt, eine Art Erntedankfest für das Zuckerrohr. Neben einer Ausstellung rund um das süße Produkt gibt es Musik und viel Zuckerhaltiges.
In Ribeira Brava feiert man jährlich am 28. und 29. Juni das Fest des heiligen Petrus (**Festas de São Pedro**). Zu Ehren des traditionellen Schutzheiligen der Fischer werden die Straßen mit Girlanden, Papierblumen und allerlei Grünzeug geschmückt. Eine Flotte dekorierter Schiffe – von bunten Fischerkähnen bis zu kleinen Ruderbooten – bringt die Menschen aus den umliegenden Küstenorten nach Ribeira Brava, um dort Musik zu hören, zu tanzen und zu essen.
In der letzten Juliwoche feiert man in Porto Moniz die Semana do Mar (Meereswoche). Dazu gehört eine ganze Reihe von Spielen im und rund ums Wasser. Die meisten Aktionen finden bei den **Piscinas Naturais** statt.

Eine mystische Wanderung: der Weg zur Ostspitze der Insel, der Ponta de São Lourenço

Im Osten

Um die Buchten im Osten ranken sich alte Geschichten. Großartig ist die Felslandschaft am äußersten Ostzipfel der Insel.

Seite 150–169

Erste Orientierung

Der Osten Madeiras ist abwechslungsreich und von wilder Schönheit. Um das festzustellen, muss man nur einmal zur Ostspitze hinausfahren: Da ragen die Klippen der Ponta de São Lourenço auf. Dank der modernen Tunnels kommen Sie schnell und problemlos in diese Region.

Madeiras Geschichte beginnt im Osten. Dort gingen die Inselentdecker an Land, dort bemühten sich die ersten Siedler, sich eine neue Existenz aufzubauen. Und noch immer übt der Osten eine Faszination auf Neuankömmlinge aus. Auch Sie werden Ihre Reise wohl hier beginnen, am Aeroporto Cristiano Ronaldo nahe Santa Cruz, schon beim Anflug gibt's eine spektakuläre Aussicht auf die karge Landzunge am Ostzipfel und die dicht bebauten Hügel der Südostküste. Ja, da reiht sich eine Siedlung an die nächste, über die Schnellstraße ist man schnell in Funchal und das Klima ist angenehm.

So haben sich auch an den Hängen von Santo António da Serra, schon lange bevor es dort einen Golfplatz gab, wohlhabende Engländer und Portugiesen schmucke Landhäuschen errichtet. Der letzte Schrei in Sachen Luxuseigentum war vor ein paar Jahren die schicke, aber künstliche Siedlung Quinta do Lorde östlich von Frachthafenareal von Caniçal, inklusive Marina und dekorativer »Dorf-Kirche«.

Doch der Osten hat auch noch echte Schätze zu bieten: Über dem Felsvorsprung von Garajau breitet ein Christus, der älter ist als sein großer Bruder von Rio de Janeiro, seine Arme aus. Im Unterwasser-Naturpark unter ihm bewundern Taucher die zutraulichen Meeresbewohner. In Camacha und Caniçal sitzen noch immer fleißige Handwerker bei der Arbeit – die einen flechten Körbe, die anderen reparieren Fischernetze. Und ganz im Osten, wo Madeira beginnt, zeigt sich die Natur von ihrer rauen Seite: Da lässt es sich wunderbar der modernen Zivilisation entfliehen, an spektakulären Felsen entlang wandern und den Wellen beim Tosen gegen die Klippen zuschauen.

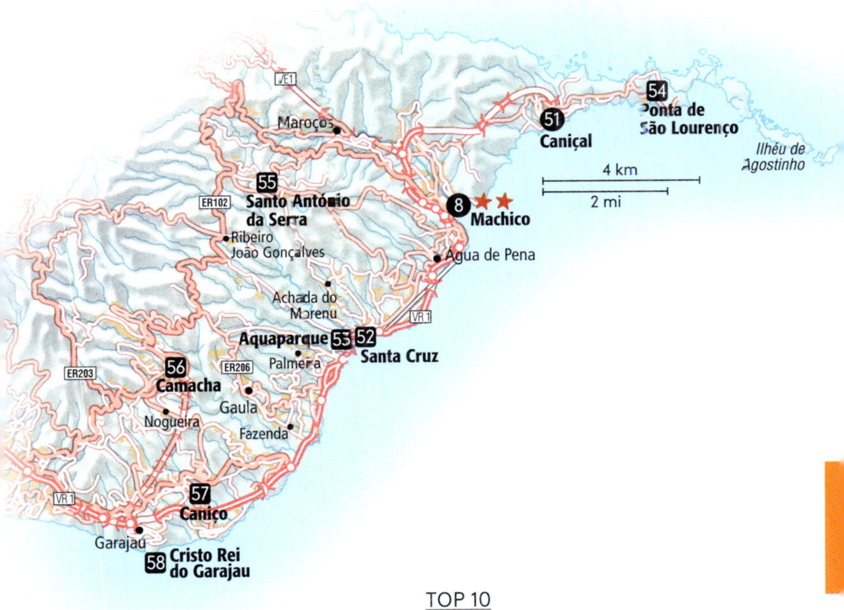

TOP 10

8 ★★ Machico

Nicht verpassen!

51 Caniçal

Nach Lust und Laune!

52 Santa Cruz

53 Aquaparque

54 Ponta de São Lourenço

55 Santo António da Serra

56 Camacha

57 Caniço

58 Christusstatue von Garajau

Mein Tag auf den Spuren der Meeressäuger

»Baleia, baleia!« Der Ruf der Walfänger von einst ertönt heute wieder, aber glücklicherweise nur noch während einer Whalewatching-Tour zu den sanften Meeressäugern.

9 Uhr: Aussicht genießen am Ostkap

Das Walmuseum von Caniçal macht erst um halb elf Uhr auf, so haben Sie noch Zeit, einen Abstecher zum äußersten Ostzipfel Madeiras zu machen: Halten Sie am Wanderparkplatz der Baía d'Abra und gehen Sie ein paar Schritte über den staubigen Fels rechts des Wanderwegs bis zur Kante. Hier haben Sie den besten Blick auf die spektakuläre Küstenlandschaft der Landzuge 54 Ponta de São Lourenço, auf den Leuchtturm auf dem vorgelagerten Inselchen und vielleicht sogar schon auf die ersten Delfine, die im Sonnenlicht ein paar Morgensprünge üben.

10.30 Uhr: Ins Walmuseum von Caniçal

Wo sich heute der Containerhafen Madeiras befindet, wurden noch vor wenigen Jahrzehnten Pottwale aus dem Meer gezogen, um sie in der Walfangstation von 51 Caniçal zu Ölen, Tiermehl und Düngemittel zu verarbeiten. Wie sich die Männer mit so kleinen Booten auf Waljagd begaben, kann man sich heute kaum noch vorstellen. Umso wichtiger, dass es im hochmodernen und interaktiven Walmuseum von Caniçal (Museu da Baleia, S. 163) eine Abteilung gibt, die an diese Zeiten erinnert. Ab den 1940er-Jahren fing man auf Madeira Pottwale, den letzten

14.30 Uhr: Auf der Suche nach den Meeressäugern

9 Uhr: Aussicht genießen am Ostkap

1981, im Jahr der Unterzeichnung des Washingtoner Artenschutzabkommens. Walfang war schon nicht mehr rentabel, immer mehr der einst so gefragten Walprodukte konnte man inzwischen auch synthetisch herstellen. Während Ihres Rundgangs, bei dem Sie auch lebensgroße Modelle der Meeressäuger bestaunen und so manchen interessanten Film sehen können, hören Sie viele spannende Geschichten über Ihren persönlichen Audioguide, der Ihnen (auch auf Deutsch) ins Ohr spricht.

Der vulkanische Tuff leuchtet in den schönsten Farben: Im Osten Madeiras reckt sich das Naturreservat Ponta de São Lourenço in den Atlantik.

13 Uhr: Meeresfruchtige Mittagspause in Caniçal

Wenn Sie hungrig werden, tauchen Sie wieder auf von Ihrer Reise in die Welt der Wale. Spazieren Sie an der Uferstraße entlang Richtung Ortsmitte. Schon nach wenigen Minuten verbirgt sich links hinter einem Mäuerchen das legendäre Tapas-Lokal Muralha's Bar. Dort bekommen Sie kleine Portionen köstlicher Meeresfrüchte (und anderer Gerichte), abends stehen die Einheimischen hier an.

14.30 Uhr: Auf der Suche nach den Meeressäugern

Gut gestärkt machen Sie sich auf den Weg nach 8 ★★ Machico. Gleich heißt es »Schiff ahoi«. Nach einem kurzen Briefing, bei dem die Meeresbiologen und Skipper von Scorpio Madeira Sie zur Whalewatching-Ausfahrt und zu den Tieren, die Ihnen unterwegs begegnen können, informieren, geht es mit Rettungswesten ausgestattet ins Schlauchboot. Vielleicht springen ja bald schon die ersten Delfine ums Boot? Natürlich gibt es keine Garantie, dass Sie ein Exemplar der vor der Küste Madeiras vorkommenden Walarten zu Gesicht bekommen, der Atlantik ist eben kein Zoo. Aber vielleicht haben Sie Glück und ein Pilotwal zeigt seine Rückenflosse oder ein Pottwal seine Fluke! So oder so – allein die Bootsfahrt ist ein Erlebnis.

Ein Wal zeigt seine Fluke.

Gegrillte Napfschnecken mit Zitrone sind ein traditionelles Gericht auf Madeira.

Der Sand des Strands von Machico stammt aus Afrika.

17 Uhr: Abendessen in Machico

Zurück an Land – Zeit, sich die Füße zu vertreten. Machen Sie einen kleinen Spaziergang durch Machico: Die älteste Siedlung Madeiras lädt geradezu zum Bummeln ein. Am importierten, goldgelben Sandstrand entlang zur alten, dreieckigen Festung Forte de Nossa Senhora do Amparo, vorbei an der Kirche mit der Statue für den Inselentdecker Tristão Vaz Teixeira und weiter zum Rathaus. Das Whalewatching hat Sie hungrig gemacht? Dann besuchen Sie das Restaurant in der alten Markthalle. Im Mercado Velho (S. 160, 168) werden Sie mit Fisch- und Fleischkreationen verwöhnt.

Muralha's Bar
✉ R. das Pedreiras 20, Caniçal
☎ 291 96 14 68 ◑ 11–2 Uhr

Scorpio Madeira Whale & Dolphin Watching Tour
◑ Ausfahrten: 9 Uhr (Meeting 8.45 Uhr) und 15 Uhr (Meeting 14.45 Uhr), jeweils 2,5 Stunden
✦ 45 Euro ☎ 912 603 300
🌐 www.madeirawildlife.com

❽ ★★ Machico

Warum?	Weil Sie hier erst den ältesten Ort der Insel kennenlernen und dann schön baden gehen können
Was?	Ein Spaziergang zur Festung, ein Schlenker zur Kirche – und dann schnell an den Strand!
Wie lange?	Einen halben Tag
Wann?	Bei Badewetter
Was noch?	Machen Sie einen Abstecher auf den Pico do Facho – dort haben Sie eine tolle Aussicht über die Bucht von Machico
Was nehme ich mit?	Afrikanischen Sand von Madeira in der Badehose

Was hat diese Bucht nicht alles schon gesehen! Am Anfang war ein verlorenes Liebespaar, dann kamen im 15. Jh. die ersten Entdecker und ein bisschen Hauptstadtrummel, schließlich Piraten und jetzt: goldgelber Sand zur Badefreude der Einwohner und Besucher – importiert aus Afrika!

Die Kapelle des Liebespaars

Machico wird durch die Ribeira de Machico zweigeteilt, einen vom schmalen Tal hinter der Stadt zum Meer fließenden Fluss. Westlich davon liegt der Hauptplatz. Wenn Sie den Fluss in Richtung Osten überqueren, kommen Sie ins alte Fischerviertel, das von der modernen Marina mit ihren Bars und Restaurants sowie vor allem von dem goldgelben Sandstrand dominiert wird. Das im Sommer warme, flache Wasser ist auch bei Kindern sehr beliebt.

Etwas stadteinwärts befindet sich hinter gigantischen Birkenfeigen die Capela dos Milagres, die Kapelle soll Zarco über den Gräbern von Robert Machyn und seiner Geliebten Anne Dorset (S. 23) errichtet haben. Eine Überschwemmung spülte im Jahr 1803 die Kirche weg, doch fand ein britischer Kaufmann die schöne Christusfigur im Meer treibend und brachte sie nach Madeira zurück. In der wieder aufgebauten Kapelle fand sie als Tabernakel über dem Hochaltar Verwendung. Sie hängt zu weit oben, als dass man sie eingehender betrachten könnte, doch vermitteln Fotos an den Wänden

Oben: Traditionelles Strohdachhaus in Machico

Unten: Blick vom Pico Castanho auf Machico

der Kirche einen Eindruck von der künstlerischen Qualität der Schnitzerei.

Schöne Pfarrkirche

Auf der anderen Seite des Flusses befindet sich im Herzen von Machico der dreieckige Hauptplatz, der Largo do Município. Auf der Südseite ragt das Rathaus aus den 1920er-Jahren auf, auf der Nordseite die Igreja da Nossa Senhora da Conceição, eine schlichte Kirche aus dem 15. Jh. Die drei schlanken Marmorpfeiler am gotischen Südportal stiftete König Manuel I. höchstpersönlich.

Vor der Kirche steht im Schatten von riesigen Platanen die Statue von Tristão Vaz Teixeira aus den 1930er-Jahren. Er war einer der Inselentdecker und wurde im Jahr 1425 zum ersten Gouverneur von Ostmadeira ernannt.

Bummeln Sie nun südlich vom Hauptplatz die Kopfsteinpflastergassen hinunter, so gelangen Sie zum Forte de Nossa Senhora do Amparo, einer Festung gegen Piratenüberfälle aus dem Jahr 1706. Jenseits dieser Verteidigungsanlage erstreckt sich die Bucht vom Jachthafen im Osten bis zur Capela de São Roque im Westen. Die Uferpromenade entlang des Kiesstrands lädt zu einem Spaziergang ein.

Wanderung auf der Levada do Caniçal

Wenn Sie länger genüsslich wandern möchten, begeben Sie sich auf die Levada do Caniçal! Sie führt vom alten Caniçaltunnel aus tief hinein ins grüne Tal von Machico und eröffnet immer wieder neue schöne Aussichten. Nach drei Stunden entlang der steilen Terrassenhänge und durch wilde Seitentäler ist der Ortsteil Maroços erreicht. Von hier fährt Sie der Bus Nr. 156 zurück nach Machico. Trittsichere Wanderer können auch die Tour hinauf zur spektakulären Boca do Risco, zur »Gefährlichen Öffnung«, machen, die von der Levada do Caniçal abzweigt und entlang der steilen Nordküste mit wunderbaren Ausblicken in ca. 3,5 Std. nach Porto da Cruz führt. Zurück nach Machico fährt der Bus Nr. 53.

KLEINE PAUSE

Gegenüber der Festung ist der ehemalige Markt heute das Restaurant **Mercado Velho** (S. 168), in dem Sie auf einem gepflasterten Hof mit Marmorbrunnen im Schatten von Jacarandabäumen essen können.

ⓘ 217 E4 ✉ 24 km nordöstlich von Funchal
SAM-Bus Nr. 20, 23, 53, 78, 113, 156 und 208

Capela dos Milagres
✉ Largo Senhor dos Milagres
tgl. 9–19.30 Uhr frei

Igreja da Nossa Senhora da Conceição
✉ Largo do Município
tgl. 9–19.30 Uhr frei

Tanz der Delfine

Rasant gleitet das Zodiak über das Meer, schon die Fahrt ist ein Abenteuer! Plötzlich bremst der Skipper ab, er hat etwas entdeckt. Und schon sind Sie mitten drin: Eine Gruppe Fleckendelfine springt elegant und neugierig um das Schlauchboot, Sie hören das sanfte Fiepen der Tiere und fragen sich: Wer beobachtet hier eigentlich wen? Ein unvergessliches Erlebnis, Delfinen so nah zu sein.

Touren organisieren z.B. Lobosonda in Calheta (Tel. 968 400 980, www.lobosonda.com) und Scorpio Madeira in Machico (S. 157).

51 Caniçal

Warum?	Um Hafenatmosphäre zu schnuppern, etwas über Walfang zu erfahren und schließlich gut Fisch zu essen
Was?	Vor allem: Ein sehenswertes Walmuseum!
Wie lange?	Zwei Stunden fürs Museum, dann noch ein Spaziergang durch den Ort, und einkehren wollen Sie ja vermutlich auch noch
Wann?	Nicht montags, dann ist das Museum zu.
Was noch?	Der Sandstrand von Prainha ist nur eine Bucht weiter östlich – also bringen Sie Badezeug mit!
Was nehme ich mit?	Eine Idee von der Größe eines Pottwals – und was man früher alles aus diesen Tieren hergestellt hat

Caniçal war einer der letzten Orte in Europa, der mit dem Walfang Schluss machte. Was von der einstigen Industrie geblieben ist, können Sie sich im modernen Walmuseum ansehen. Hier erfahren Sie, wie die einst gejagten Tiere nun geschützt werden. Die Containerschiffe, die früher nach Funchal kamen, legen jetzt in Caniçal an. Erwarten Sie hier also nicht allzu viele Touristenattraktionen – die Stadt ist heute vor allem ein geschäftiger Handelshafen.

Am Set von Moby Dick

Der US-amerikanische Schriftsteller Herman Melville (1819–1891) fuhr einst selbst als Matrose auf Walfängern bis in die Südsee. Berühmt wurde er mit seiner Geschichte des Kapitäns Ahab, der in See sticht, um sich am weißen Wal Moby Dick zu rächen, der ihm einst im Kampf ein Bein abgebissen hat. Populär wurde der auf Deutsch 1927 erschienene Roman auch durch seine Verfilmung von 1956 mit Gregory Peck als Kapitän. Die Walfangszenen für diesen Film wurden vor Caniçal gedreht. Dabei kam auch die Schiffsflotte des Dorfes zum Einsatz, die noch bis zum Walfangverbot 1981 im Einsatz war. Von den älteren Männern, die heute ihren Söhnen und Enkeln bei der Vorbereitung der nächtlichen Fischerei helfen, haben einige noch lebhafte Erinnerungen an das Leben an Bord der São José, des letzten Walfangschiffs, das von diesem Hafen aus in See stach.

Von der Jagd zum Schutz

An die Vergangenheit Caniçals als große Walfangstation erinnert das 2012 eröffnete Walmuseum (Museu da Baleia). Die topmodern ausgestattete Sammlung zeichnet ein umfangreiches Porträt der Meeressäuger und dokumentiert die Bedeutung des Walfangs in der Geschichte der Insulaner – vom Fang mit der Handharpune aus kleinen Ruderbooten heraus bis zur Verarbeitung. Heute machen sich auch viele ehemalige Walfänger für den Schutz dieser Tiere stark und helfen den Wissenschaftlern bei der Erforschung der Lebensgewohnheiten, Kinderstuben und Migrationsrouten der Wale.

Machen Sie einen Abstecher in die künstlich angelegte Marina-Siedlung »Quinta do Lorde«. Neben einem edlen Hotel und zahlreichen Ferienwohnungen gibt es eine nette Badestelle (allerdings gegen Gebühr) und ein kleines Café. Segler finden in den Geschäften der Marina alles, was sie benötigen und das Herz begehrt.

Zur wirtschaftlichen Entwicklung der kargen Region ließ die Regierung auf dem Areal der alten Walfangstation

Der kleine Fischerhafen von Caniçal kontrastiert mit dem Containerumschlagplatz.

Napfmuscheln auf madeirische Art mit Zitrone

eine Freihandelszone mit Hafen anlegen. Auch eine große (Reparatur-)Werft wurde gebaut sowie ein weitläufiger Badekomplex am westlichen Ende der Promenade.

Reger Hafenbetrieb

Diese Freihandelszone und der Frachthafen bestimmen nun das Leben in der rasant wachsenden Siedlung. Gefischt wird nach wie vor, doch heute geht man vorwiegend auf Thunfischfang. Das große Kühlhaus am Dock legt den Schluss nahe, dass nicht der ganze Fang gleich vor Ort konsumiert wird. Tatsächlich wird hier ein Teil davon verarbeitet und anschließend aufs portugiesische Festland verschickt.

KLEINE PAUSE

Die Lokale am Kai sind alle auf fangfrischen Fisch spezialisiert. Dorftreffpunkt und heißer Tipp für *lapas* (Napfmuscheln) und andere Meeresfrüchte ist die **Bar Amarelo** (Largo Manuel Alves 2, Tel. 291 96 17 98, tgl. 12-23 Uhr).

ⓘ 217 F4 ✉ 32 km westlich von Funchal 🚌 SAM-Bus Nr. 113

Museu da Baleia
✉ Rua Garcia Moniz 1 ☎ 291 96 18 58 ◑ Di–So 10.30–18 Uhr ✦ Eintritt 10 €

Nach Lust und Laune!

52 Santa Cruz

Das noch recht ursprüngliche Santa Cruz wird wegen der Nähe zum Flughafen von Touristen kaum wahrgenommen, dabei gehört es zu den schönsten Städtchen Madeiras. Die Altstadt bietet ein bemerkenswert geschlossenes Ensemble mit hübschen schmalen Gässchen. Auffällig sind das Rathaus aus dem 16. Jh., das mit manuelinischen Steinmetzarbeiten geschmückt ist, und auch das Gericht mit seiner geschwungenen Freitreppe, das in der Nähe der Kirche liegt, ist einen Blick wert. Einst durch den Zuckerrohranbau reich geworden, gönnte sich die Gemeinde die nach der Sé in Funchal zweitgrößte Kirche Madeiras. Die dreischiffige Pfarrkirche São Salvador wurde 1533 über den Resten einer älteren Kapelle, von der ein Grabmal (1470) erhalten ist, errichtet. Die Sakristei bewahrt Azulejos aus dem 16. Jh., die einst das wegen des Flughafenbaus abgetragene Franziskanerkloster Nossa Senhora da Piedade zierten. Reste des manuelinischen Stils sehen Sie noch an einem Portal im Chor und an einem Fenster. Zum Flanieren lädt eine schön gepflasterte, mit Palmen bepflanzte Uferpromenade ein. Auch am malerischen Kieselstrand mit bunten Fischerbooten spenden Palmen wohltuenden Schatten.

✈ 217 D3 ✉ 16 km nordöstlich von Funchal 🚌 SAM-Busse Nr. 20, 23, 53, 60, 78, 113, 156 und 208

Flughafennah und doch ein Idyll: Santa Cruz

53 Aquaparque

Verlassen Sie die Stadt Santa Cruz auf der Straße nach Gaula in Richtung Westen, gelangen Sie nach 1,6 km zu einem Wasserpark und zu einem Strandbad mit Pools, Wasserrutschen und täglichen Vogel- und Reptilienshows.

217 D3 ☎ 291 52 44 12
www.facebook.com/aquaparquemadeira.com
8 €, Kinder bis 12 J. 4 € Juni–Sept. tgl. 10–18, im August bis 19 Uhr

54 Ponta de São Lourenço

An diesem Fleckchen Erde können Sie die raue Wildnis genießen und sich die Brise vom Meer um die Nase wehen lassen. Von Caniçal fahren Sie 5 km weit bis zu einem Kreisverkehr; die linke Straße führt zur Ponta do Rosto, einem Aussichtspunkt mit schönem Panoramablick. Rechts passieren Sie die Quinta do Lorde mit ihrem Luxusresort, Jachthafen und Eigentumswohnungen. Sogar eine Kirche hat die künstliche Siedlung bekommen. 1 km weiter östlich kommen Sie zu einem Parkplatz. Von dort führt ein Wanderweg die übrigen 2 km bis zur äußersten östlichen Spitze der Insel, einer herrlichen Landschaft mit aufregenden Klippen und tiefen Einschnitten in die Küste. Der vulkanische Tuff leuchtet in den schönsten Farben.

217 E1
32 km nordöstlich von Funchal
SAM-Bus Nr. 113 bis Baía d'Abra

55 Santo António da Serra

Obstgärten, Wiesen und grasende Kühe sind das Kennzeichen dieses Orts. Rund um das Dorf liegen zwei Golfplätze und einige Herrschaftshäuser, außerdem neue Gebäude im Farmhausstil. Das alte Landgut der Familie Blandy – die Quinta do Santo da Serra – ist heute ein öffentlicher Park mit Tulpenbäumen und Eichen. Der von Kamelien und Azaleen gesäumte Hauptweg – sie blühen von Januar bis April – führt zum Aussichtspunkt Miradouro dos Ingleses, von dem aus Sie bis ans östliche Ende der Insel schauen können. Rechts vom Weg gibt es einen Kinderspielplatz und ein Pferdegehege.

217 D4
22 km nordwestlich von Funchal
Horários-do-Funchal-Bus Nr. 77, SAM-Bus Nr. 20, 25 und 78

56 Camacha

Ein großes Denkmal im Park am Hauptplatz von Camacha erinnert an das erste Fußballspiel in Portugal, das hier im Jahr 1875 stattfand. Zuvor hatte der Sohn eines Einheimischen aus einem Internat in England einen Fußball mitgebracht. Heute sind die Madeirer fußballbegeistert – gleich zwei Mannschaften spielen in Portugals erster Liga, und natürlich ist man auch sehr stolz auf Cristiano Ronaldo, den einheimischen Superstar. Das Café Relógio auf der Südseite des Hauptplatzes ist Madeiras beste Adresse, um Körbchen, Korbmöbel und allerlei

Krimskrams zu kaufen. Zwei Stockwerke sind mit Korbwaren vollgestopft, im Untergeschoss können Sie dabei zusehen, wie sie gefertigt werden. Auch eine Arche Noah mit aus Weidenruten geflochtenen Tieren kann dort bewundert werden. Die Ruten werden im Januar und März geerntet, dann in Wasser eingeweicht und aus der Borke geschält und in der Sonne getrocknet. Bevor die Weiden später zu Körben oder Möbeln verarbeitet werden, müssen die Rohre noch gekocht werden, um sie geschmeidig zu machen. Sie verändern dann ihre Farbe allmählich zu Braun.

216 C2
16 km nordwestlich von Funchal
Horários-do-Funchal-Bus Nr. 110, 113, 129

Café Relógio
291 92 27 77 www.caferelogio.com
Korbflechterwerkstatt tgl. 9–18 Uhr
frei

57 Caniço

Der eigentliche Ortskern mit seinem Dorfplatz und der Pfarrkirche liegt oberhalb der Autobahn. Erst in den letzten Jahrzehnten entstand der Ortsteil Caniço de Baixo unten am Meer, er ist bei deutschen Urlaubern sehr beliebt. Hier gibt es schöne Ferienhäuser und große Hotelanlagen. Ruhig und schattig ist es, Gärten schmücken die Villen, Erholung ist garantiert. An der felsigen Küste haben sich mehrere Tauchschulen etabliert. Die Uferpromenade führt im Osten bis zum Kiesstrand Praia dos Reis Magos.

216 C2 8 km westlich von Funchal
Autobus Caniço Nr. 155, SAM-Bus Nr. 20, 53, 60, 113, 156 und 208

58 Christusstatue von Garajau

Es lohnt sich einen Abstecher in Caniços unmittelbaren Nachbarort Garajau zu machen: Hier wacht seit 1927 der Cristo Rei über den Klippen der Ponta do Garajau, ein kleiner Spaziergang führt vom Parkplatz aus hin. Vor allem zum Sonnenuntergang ein wunderbarer Ort mit tollen Aussichten in Richtung Funchal und entlang der Felsküste von Caniço de Baixo.

216 C1 5 km westlich von Funchal

Wie in Rio: die Christusstatue von Garajau

Wohin zum ... Übernachten?

Preise für ein Doppelzimmer pro Nacht:

€	unter 90 Euro
€€	90–150 Euro
€€€	über 150 Euro

PortoBay Serra Golf €€
Das in einer historischen Jugendstilvilla untergebrachte, exklusive Hotel (21 Z.) liegt in einem Waldstück am südlichen Rand von Santo António da Serra nur 800 Meter vom Santo-da-Serra-Golfclub entfernt. Nichtgolfer können im Hallenbad baden.
A217 D4 Sítio dos Casais Próximos, Santo da Serra, Santa Cruz 291 55 05 00
www.portobay.com

Villa Opuntia €€
Wer Ruhe sucht und sich mal so richtig verwöhnen lassen will, der ist hier richtig: In der familiären Villa (11 Zimmer) können Sie am Pool oder in der Sauna entspannen. Vom herzlichen, deutschsprachigen Personal bekommen Sie Tipps zu Wanderungen, Restaurants und Ausflugszielen. Wenn Sie sich für die Gourmet-Option entscheiden, wird täglich ein köstliches Frühstück auf Ihrem Balkon serviert.
216 C2 Rua Miradouro da Falésia 7, Caniço de Baixo 291 93 96 00
www.villaopuntia.com

Wohin zum ... Essen und Trinken?

Preise für ein Essen (o. Getränke, Service):

€	unter 15 Euro
€€	15–30 Euro
€€€	über 30 Euro

CAMACHA

Abrigo do Pastor €€
Die urigen Räumlichkeiten sind wie geschaffen für eine zünftige Einkehr nach einer Wanderung in den Bergen. Auch auf der Terrasse können Sie sich die Köstlichkeiten schmecken lassen.
216 B3 Estrada das Carreiras 209, etwa 5 km nordwestlich 291 92 20 60
Mi–Mo 10–23 Uhr

Restaurante O Cesto €
Familiäres Dorfrestaurant mit exzellenter Küche. Freundliche Bedienung.
206C C2 Rua Maria Ascenção 95
291 92 20 68 Fr–Mi 8–22 Uhr

CANIÇO

Fados €
Das familiäre Restaurant liegt etwas abseits der üblichen Touristenpfade Caniços. Jeden letzten Samstag im Monat gibt es abends Live-Fado. Die netten Bedienungen des Hauses servieren die typischen madeirischen Speisen, die hier äußerst geschmackvoll zubereitet werden.
217 D1 Rua Encosta dos Magos 20, Caniço de Baixo 291 93 54 11 tgl. 10–24 Uhr

La Perla €€€
Das im alten Herrenhaus des Hotels Quinta Spléndida untergebrachte Gourmetrestaurant zählt zu den besten auf ganz Madeira. Es ist bekannt für Gemüse, Salate und Kräuter, die alle aus dem hoteleigenen Garten stammen oder bei hiesigen Bauern gekauft werden.
216 D1 Estrada Ponta da Oliveira 11
291 93 04 00 tgl. So, Mi, Fr 19–22 Uhr, nur mit Reservierung

MACHICO

O Gonçalves €€
Dieses Lokal befindet sich direkt hinter dem Gebäude des Forum Machico. Hier können Sie sicher sein, dass nur frischester Fisch aus dem Atlantik verwendet wird. Das wissen auch viele Einheimische zu schätzen.
217 E4 Rua do Ribeirinho 1
291 96 66 06 Di–So 8–22 Uhr

Mercado Velho €–€€
Aufwendig zubereitete Inselspezialitäten gibt es an diesem schönen Plätzchen mit einer Terrasse unter hohen Jacarandabäumen

und plätscherndem Brunnen. Wie der Name schon sagt, speisen Sie hier im alten Markt von Machico!
217 E4 Rua General António Teixeira de Aguiar www.facebook.com/mercadovelhomachico 291 96 11 29 tgl. 10–23 Uhr

SANTA CRUZ

Taberna do Petisco €
Die Taverne ist unscheinbar und einfach, doch die schmackhaften Petiscos (kleine Gerichte, vergleichbar mit Tapas) sind köstlich. Probieren Sie zarten *polvo* (Krake) oder auch ein schmackhaftes *picado* (Geschnetzeltes, z. B. aus Thunfisch oder Fleisch). Dazu eine Sangria oder Poncha?
217 D3 Rua Cónego Alfredo César de Oliveira 23 291 64 35 25 Di–So 6.30–1 Uhr

Korbflechter in Camacha

Wohin zum … Einkaufen?

Wer beim Shoppen gern unerwartete Entdeckungen macht, der sollte in Machico und Santa Cruz zum Bummeln gehen. In den Läden auf dem Land decken vor allem die Einheimischen ihren täglichen Bedarf – von getrockneten Bohnen und gesalzenem Kabeljau bis zu Büchsen mit Sardinen.
In Santa Cruz findet von Montag bis Samstag ein kleiner Markt statt, auf dem Fisch, Obst und Gemüse feilgeboten werden. In Camacha (S. 166) gibt es ein Mini-Einkaufszentrum am westlichen Stadtrand; wer in Richtung Funchal fährt, kann es nicht verfehlen. In Caniço (S. 167) finden Sie ebenfalls einen gut sortierten Supermarkt. In Caniço de Baixo kann man die üblichen Andenken erstehen und zwar im kleinen Supermarkt an der Rua Robert Baden Powell. Ein Stück weiter die Straße hinauf finden Sie das Galeriehotel »Inn & Art« (Rua Robert Baden Powell 61/62, Caniço de Baixo, Tel. 291 93 82 00). Im ganzen Haus hängen die abstrakten Werke des deutschen Malers Siegwart Sprotte (1913–2004). Er war von chinesischer und japanischer Kunst beeinflusst und kam regelmäßig nach Madeira, um Landschaft und Blumen zu malen. Seine Arbeiten sind nicht gerade billig. Deshalb stehen in der Galerie auch limitierte Drucke und Poster zum Verkauf.

Wohin zum … Ausgehen?

Die Einheimischen treffen sich nach Feierabend gern in einer der vielen Poncha-Bars. Im Volksmund werden die kleinen Thekenräume *vendas* (Verkäufe) genannt, denn früher waren sie mal Mini-Lebensmittelläden. Eine besonders beliebte *venda* ist die **Bar da Chupa** (Rua Francisco Álvares Nóbrega, Machico, www.facebook.com/bardachupa), hier können Sie neben Ponchas noch immer Tomatensoße oder Margarine kaufen. Zum gemeinsamen Fußballschauen und Erdnüsse essen trifft man sich mit Freunden in der **Venda do Sócio** (Tendeira, www.facebook.com/VendaDoSocio)in Tendeira (Caniço). Etwas mondäner geht es im **Baia Beach Club** in Machico (www.facebook.com/baiabeachclub) zu, hier sitzen Sie zum Cocktail direkt im Jachthafen.

Porto Santo ist flach, große Teile lassen sich auch gut per Fahrrad erkunden.

Ausflug

Auf ins Badeparadies: Freuen Sie sich bei Madeiras schöner Schwesterinsel Porto Santo auf viel Strand und türkisblaues Meer.

Seite 170–179

Porto Santo

Wann?	Badesaison ist von Mitte Juni bis Mitte September. Im September erreicht das Wasser 23 °C. Montags bis donnerstags gehen Sie den Wochenendausflüglern aus dem Weg
Länge?	Die Insel ist ganze elf Kilometer lang, die Inselrundstraße 20 Kilometer
Dauer?	Bleiben Sie zwei, besser drei Tage. Bei einem Tagesausflug stellt sich das karibische Porto-Santo-Feeling nicht ein
Start/Ziel	Im Hafen von Vila Baleira

»Goldene Insel« wird Porto Santo auch genannt. Hier fehlt die üppige Vegetation, die Madeira so attraktiv macht, aber dafür besitzt die Insel etwas im Überfluss, das es auf Madeira

praktisch nicht gibt: türkisblaues Wasser und einen herrlichen, rund neun Kilometer langen, goldgelben Sandstrand.

Porto Santo ist gerade mal elf Kilometer lang und sechs Kilometer breit. Die höchste Erhebung ist der Pico do Facho mit 517 Metern. Die ganze Südseite der Insel besteht aus Sandstrand mit Dünen, Feldern und Weinterrassen im Hinterland – ein schönes Fleckchen Erde. Es werden Tagesausflüge nach Porto Santo angeboten, aber wenn Sie wirklich entspannen wollen, mieten Sie sich in einem der Hotels am Meer ein und verbringen mindestens zwei Tage hier.

Porto Santo liegt gut 40 Kilometer nordöstlich von Madeira. Die Fähre braucht gut zwei Stunden.

Wie alles begann

Einst war Porto Santo mit Drachenbaum, Wacholder und Heide dicht bewachsen. Die ersten Siedler rodeten das fruchtbare Land und bauten Getreide an zur Versorgung portugiesischer Übersee-Expeditionen – eine lukrative Angelegenheit. Doch bald verödete das Land, Regenwasser spülte den Boden weg. Einen neuen Aufschwung nahm der Getreideanbau im 18. Jh., wovon noch einige Windmühlen zeugen. Heute gibt es vergleichsweise wenig Wein-, Obst-

Der schöne Sandstrand an der Südküste und eine entsprechende Infrastruktur haben dafür gesorgt, dass der Tourismus in den letzten Jahren stetig zunahm.

Im Westen fällt die Küste steil zum Meer ab.

und Gemüseanbau, doch versucht man durch intensive Aufforstungmaßnahmen, die Landschaft wieder zu begrünen. Als gesichert gilt, dass João Gonçalves Zarco und Tristão Vaz Teixeira die Inselgruppe 1418 aufsuchten und zunächst das leichter zugängliche Porto Santo (»Heiliger Hafen«) erkundeten. 1419 kehrten sie mit Bartolomeu Perestrelo zurück, der mithilfe portugiesischer Siedler die Insel urbar zu machen begann, während Zarco weiterzog, um ab 1420 die Hauptinsel Madeira zu kolonisieren.

Urlaubsziel für Familien aus Madeira

Von den einst zahlreichen Mineralquellen, deren Wasser sogar für den Export abgefüllt wurde, sind die meisten versiegt. Früher wurde auf der südlich vorgelagerten Ilhéu de Baixo Kalk abgebaut, auf Porto Santo gebrannt und als Düngemittel und Mörtel nach Madeira verkauft. Heute leben die Menschen auf Porto Santo hauptsächlich vom Tourismus; ein wenig auch noch von Fischfang und Weinanbau. Hinzu kommt der 1960 eingerichtete Nato-Flughafen. Der schöne Sandstrand an der Südküste und eine entsprechende Infrastruktur sorgten dafür, dass der Tourismus in den vergangenen Jahren stetig zunahm. Während der Sommerferien ist Porto Santo vor allem ein beliebtes Urlaubsziel für Familien aus Madeira. Cabeço, südlich des Hauptortes, besitzt ein Thalassotherapiezentrum. Eine weitere Attraktion ist der zwischen Capela de São Pedro und der Nordküste angelegte Golfplatz, und in Taucherkreisen hat sich Porto Santo zu einem Geheimtipp zum Wracktauchen entwickelt.

Vila Baleira

Der Hafen- und Hauptort Vila Baleira, früher Porto Santo, liegt an der flachen Südküste. Hier lebt der weitaus größte Teil der nur etwa 5400 Einwohner zählenden Inselbevölkerung. Zentraler Platz und Treffpunkt von Einheimischen wie Touristen ist der schön gepflasterte Largo do Pelourinho. Dort steht der namengebende »Pelourinho« – ein als Zeichen der Gerichtsbarkeit aufgestellter Pranger. Hier erhebt sich auch die schlichte weiße Pfarrkirche Nossa Senhora da Piedade, die nach der Brandschatzung durch Piraten im Jahr 1667 wiedererrichtet wurde. Ihr schönster Schmuck ist das

Azulejobild einer Pietà an der Außenwand. Nebenan befindet sich das Rathaus (Câmara Municipal), ein gutes Beispiel für die Architektur der portugiesischen Renaissance. Das Haus, in dem der Seefahrer Christoph Kolumbus im späten 15. Jh. gelebt haben soll, ist zwar nicht im Original erhalten, aber dennoch das wichtigste Museum der Insel: In der Casa Colombo tauchen Sie ein in die Zeit der Entdeckungen, es gibt allerlei Gebrauchsgegenstände aus dem damaligen Alltagsleben sowie alte Seekarten, Darstellungen und Dokumente zur Geschichte der Seefahrt.

Der Strand

Gleich südlich vom Rathaus führt eine von Palmen gesäumte Straße durch den Stadtgarten zum Strand hinunter. Er zieht sich nach Westen in einem Bogen über die ganze Länge der Insel hin und ist für die meisten Besucher die Hauptattraktion. Sie können den ganzen Tag schön am Strand entlangwandern oder Fahrräder ausleihen und zum südlichsten Punkt, der Ponta da Calheta, radeln. Entlang der Küste wachsen Tamarisken, die angepflanzt wurden, um den Sand zu stabilisieren; er besteht aus den erodierten Resten von Korallenriffen, die sich ausgebildet haben, als Porto Santo im Tertiär, also vor etwa 20 Mio. Jahren, von einem tropischen Meer umgeben war.

Kleine Pause

Das Restaurant **Casa do Velho Dragoeiro** (Rua M. G. Pestana 16a, Tel. 291 63 44 13, tgl. 19–23 Uhr) bietet eine köstliche Auswahl an frischen Fisch- und Fleischgerichten (und auch vegetarischen Alternativen) in stilvoller Atmosphäre. Einen zehnminütigen Spaziergang vom Touristenbüro entfernt liegt das **Pé na Água** (Sítio das Pedras Pretas, Tel. 291 98 52 42, tgl. 10–23 Uhr), das im Speiseraum oder draußen auf den Dünen Steaks, Fischgerichte und Snacks serviert.

Touristeninformation
✉ Centro de Artesanato, Avenida Dr. Manuel Gr. Pestana Junior
☎ 291 98 52 44
◑ Mo–Fr 9–17.30, Sa 10–12.30 Uhr
Infos zur Anreise und Unterkünften: siehe Praktische Hinweise, S. 199

Casa Colombo – Museu de Porto Santo
✉ Travessa da Sacristia 2–4 ☎ 291 98 34 05 🌐 www.museucolombo-portosanto.com ◑ Di–Sa 10–12.30, 14–17.30 (im Sommer bis 19 Uhr), So 10–13 Uhr 🍴 Café (€) 🎟 2 €

Der spanische Golfsport-Altmeister Severiano Ballesteros legte den Porto Santo Golf Club an.

»Porto Santo Horseriding Tours« organisiert Reittreks.

Wer schon genug am Strand gechillt hat, freut sich über Entdeckungen wie diesen Papagei.

Wohin zum ... Übernachten?

Preise für ein Doppelzimmer pro Nacht:
€ unter 90 Euro
€€ 90–150 Euro
€€€ über 150 Euro

Anmerkung zu den Hotelpreisen auf Porto Santo: Da es hier ein starkes Saisongeschäft gibt und die Insel vor allem während der Sommerferien (Juni-September) gefragt ist, finden Sie außerhalb der Sommermonate meist sehr günstige Angebote, teilweise kostet ein Zimmer in der Nebensaison bis zu 50 Prozent weniger.

Torre Praia €-€€
In diesem preislich moderaten Vier-Sterne-Hotel (66 Zimmer) schlagen Sie zwei Fliegen mit einer Klappe: Sie sind direkt am Strand und trotzdem in zehn Gehminuten im Ortszentrum von Vila Baleira. Und falls Sie mal nicht weit gehen möchten zum Abendessen, speisen Sie im hoteleigenen Restaurant »Salinas« bei bester Strandaussicht.
✉ Rua Goulart Madeiros ☎ 291 98 04 50
🌐 www.portosantohotels.com

Pestana Ilha Dourada €€-€€€
Sie haben es gerne modern und ruhig? Dann ist dieses Hotel (17 Zimmer, 32 Villen) im Westteil der Insel etwas für Sie! Das Frühstück ist reichhaltig, Sie können sich aber auch kleine Mahlzeiten in Ihrer Küchenzeile zubereiten. Zur Entspannung finden Sie neben dem grandiosen Sandstrand von Porto Santo auch einen Süßwasserpool und einen Spa-Bereich.
✉ Rua Ponta dos Zambujeiros 207
☎ 291 14 01 00 🌐 www.pestana.com/de/hotel/pestana-ilha-dourada

Quinta do Serrado €-€€
Dieses hübsche, rustikal-charmante Landhaus aus Naturstein im Inselinneren (nahe Camacha) ist mal etwas ganz anderes als die Hotels am Strand: Es liegt abgelegen und ruhig an einem Hang (mit wunderschönem Blick auf den Sonnenuntergang!), mit nur 22 Zimmern geht es fast schon familiär zu und im hauseigenen Restaurant bekommen Sie schmackhaft zubereitete, bodenständige Gerichte, wie zum Beispiel geschmortes Zicklein. Und wenn Sie in die Stadt oder zum Strand möchten, gibt's auch einen täglichen Shuttleservice.
✉ Sitio do Pedregal, Camacha ☎ 291 98 02 70
🌐 https://quintadoserradohotel.com

Unter Wasser

Der Neoprenzug sitzt, noch ein paar Erklärungen durch den engagierten Schnorchelmeister Matias – und ab geht's! Ab jetzt müssen Sie nur noch atmen und staunen! Hier im klaren Atlantikwasser tummeln sich an den Felsen kleine Fische, Krebse und Garnelen. Und da, in der Spalte: ein Oktopus! Auch wenn Sie noch nie zuvor Schnorcheln waren, dieser Ausflug in die Unterwasserwelt Porto Santos ist ein unvergessliches Erlebnis!

Matias, Tel. 911798989, www.facebook.com/Porto-Santo-Free-Snorkeling-Tour

Mit Schwung: Diese Frau hat ihre Hängematte am höchsten Punkt der Insel, dem Pico Ruivo, aufgespannt.

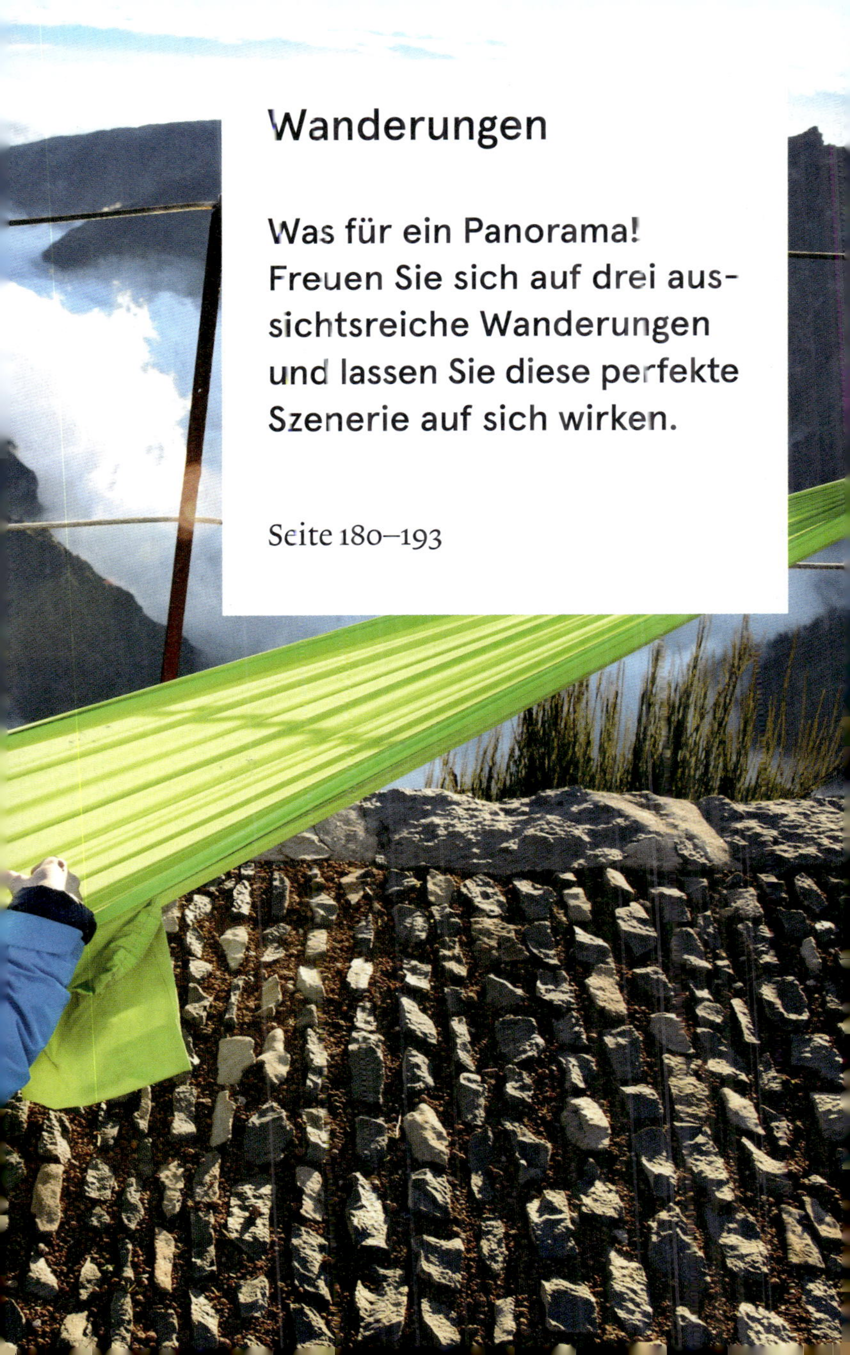

Wanderungen

Was für ein Panorama! Freuen Sie sich auf drei aussichtsreiche Wanderungen und lassen Sie diese perfekte Szenerie auf sich wirken.

Seite 180–193

Von Curral das Freiras zum Eira do Serrado

Länge?	4 km
Dauer?	1,5 Stunden (Hin- und Rückweg ca. 2,5 Stunden)
Start/Ziel	START: Kirche von Curral das Freiras (→215 F4, S. 88). Anreise mit dem Bus Nr. 81 (Horarios do Funchal). ZIEL: Eira do Serrado (Parkplatz vor der Estalagem) (→215 E3). Rückkehr zum Ausgangspunkt: Bus Nr. 81 (Achtung: nicht jeder Bus hält hier); alternativ denselben Weg zurückgehen.

Über den alten, gepflasterten Verbindungsweg geht es von der Dorfmitte von Curral das Freiras hinauf zum berühmten Aussichtspunkt Eira do Serrado. Nicht nur zum Verschnaufen lohnt es sich, immer mal wieder anzuhalten und ins Tal zurückzuschauen. Die Perspektive wird immer spektakulärer – bis Sie letztendlich auf über 1000 m über dem Meeresspiegel stehen und sich wundern, wie gut Sie es doch diese »Wand« hinauf geschafft haben.

Wenn Sie langsam gehen und sich Zeit zum Genießen der Aussicht nehmen, ist die Wanderung gut zu schaffen. Sie müssen nicht unbedingt schwindelfrei sein. Bei Regen oder starker Bewölkung lohnt es sich nicht, ins Nonnental zu fahren. Wenn es sehr heiß ist, starten Sie früh: Vormittags liegt die Felswand, die Sie in Serpentinen hinauf wandern, noch im Schatten. Es empfiehlt sich, Wanderschuhe zu tragen, der alte Pflasterpfad ist manchmal etwas uneben, außerdem gibt es kleine Abschnitte durch den Wald und hier und da matschige Stellen.

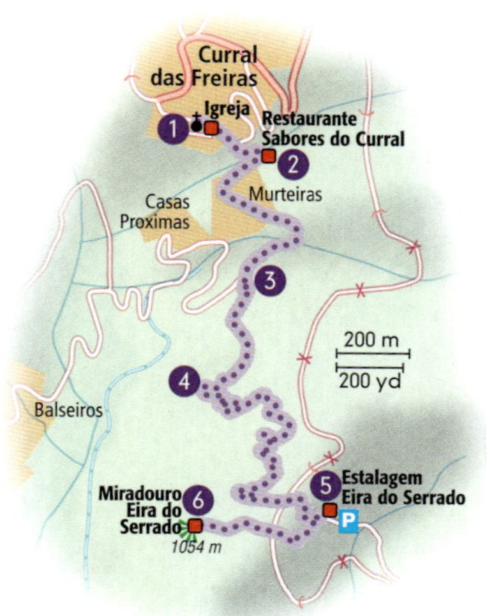

Wer den Aufstieg von Curral das Freiras geschafft hat, der genießt diesen Ausblick.

1–2

Wenn Sie mit dem Bus Nr. 81 nach Curral das Freiras kommen, steigen Sie in der Nähe der Dorfkirche aus. Hier im Ortszentrum werben viele Cafés um die Gunst der Touristen, neben dem ehemaligen Tourismusbüro verkaufen Marktfrauen frisches Obst. Gehen Sie die Treppen hinunter zur Kirche. An dieser Stelle befand sich schon im 17. Jh. eine Kapelle, die heutige Kirche wurde jedoch zwischen 1916 und 1918 gebaut. Gehen Sie die Stufen zum Friedhof hinab und schauen Sie sich die mit künstlichen Blumen und runden Gedenktrommeln geschmückten Gräber an. Zurück an der Kirche und am Gemeindehaus, wenden Sie sich nach rechts auf den Caminho da Pedra, bis Sie wieder auf die Hauptstraße treffen. Hier können Sie sich im Restaurant Sabores do Curral (S. 100) für die Wanderung stärken – von dem verglasten Café aus haben Sie bereits einen tollen Blick auf den Serpentinenweg, der vor Ihnen liegt.

2–3

Die Hauptstraße macht nun eine große Rechtskurve, Sie können den Weg aber durch die kleine Grünanlage abkürzen. Jetzt geht es ca. 10 Min. die Hauptstraße (ER 10) entlang, der Weg führt immer leicht bergab. Die Straße ist nicht stark be-

fahren, trotzdem ist Vorsicht geboten, denn manchmal kommen die Autos sehr schnell um die Kurven. Etwa 20 Meter nach einem steinernen Picknicktisch am linken Straßenrand beginnt der Wanderpfad.

3–4

Nachdem Sie ein paar Treppenstufen hinaufgegangen sind, führt der Weg ein kurzes Stück über einen Trampelpfad durch den Wald, hier geht es auf und ab. Dann erreichen Sie den gepflasterten Serpentinenweg, über zahlreiche Kehren gewinnen Sie nun immer mehr an Höhe. Sobald Sie rechts einen großen Felsvorsprung mit einem Strommasten sehen, verlassen Sie den Pflasterweg und gehen Sie die paar Schritte auf den Fels: von dort haben Sie eine tolle Aussicht auf das Ziel und auf die steile Wand, die Sie noch vom Eira do Serrado trennt. Verschnaufen Sie an dieser exponierten Stelle auf den Steinen und genießen Sie die atemberaubende Bergwelt um sich herum.

»Über den Wolken muss die Freiheit wohl grenzenlos sein.«

4–5

Wenn Sie sich etwas erholt haben, kehren Sie auf den Pflasterweg zurück – und weiter geht's hinauf, wieder in langen Serpentinen. Inzwischen haben Sie schon einen guten Blick auf die alte Bergstraße, die sich abenteuerlich an die benachbarte Felswand schmiegte. Sie wurde bereits in den 1950er-Jahren gebaut, doch die häufigen Steinschläge haben immer wieder für Unfälle gesorgt. Heute ist die Straße, oder vielmehr das, was von ihr übrig ist, zu Recht gesperrt, zumal man seit 2006 bequem durch den neuen Tunnel ins Dorf hinunterkommt. Nun folgen Sie dem Weg nur noch ein paar Windungen entlang durch schönen Kastanienwald – und Sie haben es geschafft: Der Parkplatz des Gebäudekomplexes des Hotels Eira do Serrado am über 1000 m hohen Grat ist erreicht.

5–6
Im Untergeschoss des Souvenirgeschäfts gibt es öffentliche Toiletten (Zugang durch den Laden), im linken Teil des Gebäudes befindet sich ein Café. Es lohnt sich aber sehr, noch etwa zehn Minuten weiterzulaufen: Der im ersten Teil behindertengerechte Weg führt zum Miradouro Eira do Serrado. Er liegt auf fast 1100 Meter, vor Ihnen geht es 450 Meter steil hinunter. Sie haben einen atemberaubenden Blick hinab in das Tal, die Autos auf der Straße zwischen den Ortsteilen von Curral das Freiras wirken wie Ameisen. Das Bergpanorama ringsherum wird bestimmt von den Picos zwischen der Boca da Corrida und dem markanten Pico Grande im Westen, von der Bergkette rund um den Pico do Jorge sowie den Torrinha-Pass im Norden und dem mächtigen Pico da Geada im Hintergrund der Ortschaft. Der höchste Berg der Insel, der Pico Ruivo, lugt dahinter hervor.

Geologisch konnte man sich die fast kreisrunde, kesselartige Form des Tals übrigens lange Zeit nicht anders erklären, als dass es der Krater eines längst erloschenen Vulkans sei. Inzwischen weiß man es aber besser: Das beeindruckende Tal wurde tatsächlich über viele Jahrtausende hinweg von dem kleinen Flüsschen geformt, das heute weit unten ganz unschuldig durch die Landschaft fließt.

Der »Stolz von Madeira« (Echium candicans) oder Madeira-Natternkopf stammt zwar aus Madeira, ist heute aber in vielen Mittelmeerländern verbreitet.

Pico Ruivo

Länge?	6 km (Hin- und Rückweg)
Dauer?	ca. 2 Stunden plus Zeit zum Rasten und zum Betrachten des Panoramas
Start/Ziel	Achada do Teixeira, 10 km südwestlich von Santana ↗213 D2

Folgen Sie zur Achada do Teixeira von Santana aus der ausgeschilderten Straße in Richtung Pico Ruivo. Sie schlängelt sich auf einer Strecke von etwa zehn Kilometern durch die schöne Landschaft – vorbei an einigen herrlichen Aussichtspunkten – nach oben und erreicht schließlich einen großen Parkplatz (1590 m), von dem ein befestigter Weg zum Gipfel führt. Der höchste Berg Madeiras ist immerhin 1861 m hoch, aber die Wanderung auf den Gipfel ist von dieser Seite aus dank des fast durchgehend gepflasterten Pfads viel einfacher, als man denkt – und für alle geeignet, die halbwegs fit sind; auch für Kinder. Oben am Gipfel werden Sie – schönes Wetter vorausgesetzt – mit einem herrlichen Panoramablick über die gesamte Insel belohnt.

1–2

Das Gebiet rund um die Achada do Teixeira ist eine herrliche Wildnis oberhalb von Santana. Vom Parkplatz gehen Sie vor dem ehemaligen Rasthaus über einen steilen Abhang ein paar Schritte hinunter; dabei haben Sie einen schönen Blick auf die Felsformation Homem em Pé. Den Kindern Madeiras

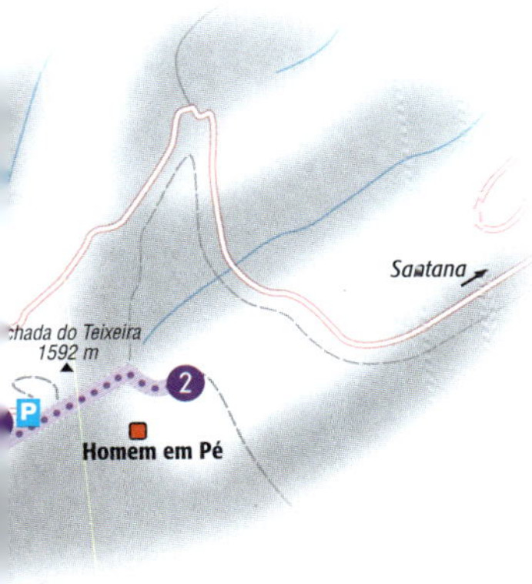

erzählt man, dass dieser Basaltklumpen ein versteinerter Riese sei. Geologen halten ihn für einen vulkanischen Gangstock, das ist Lava, die durch einen Riss im Vulkan nach oben gedrungen ist. Der Regen hat den Tuff außen herum weggewaschen, und so ist nur der vom Wind geformte Steinblock geblieben.

2–3

Sie gelangen über den Parkplatz sogleich zum Wegweiser Richtung Pico Ruivo. Von hier führt ein befestigter Pfad vorbei an Ginsterwiesen bergauf und wird bald zu einem mit Basaltsteinen gepflasterten Weg. Die ersten Minuten geht es stetig nach oben, zur ersten von drei kleinen, steinernen Schutzhütten. Von hier haben Sie einen schönen Panoramablick links über den zerklüfteten Grat des Pico das Torres,

Auf dem Weg zum Pico Ruivo

Die letzten Meter zum Gipfel

den zweithöchsten Berg der Insel mit 1851 m. Unterhalb liegt in einer Senke der Pico do Gato (1780 m). Er wirkt aus dieser Perspektive eher wie ein Zahn, von anderen Stellen aus gesehen ähnelt die Form aber wirklich dem Kopf einer Katze (portugiesisch: *gato*). Es folgen der Pico do Cidrão (1718 m) und dann der oben abgeflachte Pico do Arieiro (1818 m) mit seiner auffälligen Radarkuppel.

3–4

Der Pfad führt nun an der Nordseite des Berges nach unten. Nach fünf Minuten erreichen Sie eine andere Schutzhütte gleich bei einer Quelle. Von hier schauen Sie auf die blanken Felsen der spektakulären Ribeira da Fonte do Louro und nebenan auf die Ribeira Grande hinunter; beide Flüsse sind von dichtem Lorbeerwald umgeben.

4–5

Nun geht es gemächlich zu einem Sattel hinunter, auf dem eine dritte Schutzhütte einen herrlichen Bergblick gewährt. Viele der alten, knorrigen Baumheiden sind bei einem großen Waldbrand 2010 verkohlt, doch noch immer bieten sie mystische Fotomotive. Das Spiel von Licht und Schatten mit dem Stand der Sonne lässt alles umso dramatischer wirken.

5–6
Sie erreichen eine Gabelung. Folgen Sie dem Pfad rechts; der Weg links führt durch das Zentralmassiv bis zum Pico do Arieiro. Auf dem rechten Pfad gelangen Sie zu einem Rasthaus aus dem Jahr 1939. Derzeit wird die Berghütte nicht bewirtschaftet, sie wartet auf ihre Renovierung.

6–7
Durch die roten Kalktufffelsen, die der »roten Spitze« Pico Ruivo (1861 m) ihren Namen gaben, geht es links vom Rasthaus im Zickzack bergauf. Bis zur Plattform auf dem Gipfel werden Sie ordentlich aus der Puste kommen, aber von dort genießen Sie einen im Wortsinn erhabenen Panoramablick. Verweilen Sie, um die Aussicht zu genießen und Atem zu holen. Zurück zum Parkplatz geht es über denselben Weg.

Der Pfad ist fast über die gesamte Strecke gepflastert.

Queimadas und Caldeirão Verde

Länge?	13 km
Dauer?	4,5 Stunden
Start/Ziel	Forsthaus Queimadas, 5 km südlich von Santana ↗213 D3

Anfahrt: Von Santana aus geht es zunächst nach Westen (in Richtung São Jorge); am Ortsrand kommt links eine Abzweigung, die mit »Queimadas« beschildert ist. Folgen Sie dieser Beschilderung an allen Kreuzungen. Die lange Straße wird dann zu einer sehr steilen, einspurigen Fahrbahn; sie ist gepflastert und mit Beton ausgebessert. Fahren Sie vorsichtig und stellen Sie Ihr Auto auf dem kostenpflichtigen Parkplatz beim Forsthaus ab. Achtung, es kann voll werden! Alternativ können Sie am Rancho Madeirense (an der Straße zum Pico das Pedras bzw. Pico Ruivo) parken und die Wanderung bereits dort beginnen.

Das Forsthaus Queimadas ist der Ausgangspunkt dieser Wanderung.

Die Levada do Caldeirão Verde führt zum »Grünen Kessel«; hier stürzt ein Wasserfall in einen Teich, der die Levada speist. Da einige Streckenabschnitte schwierig zu begehen sind, eignet sich die Tour nicht für Kinder oder Ungeübte. Es gibt auf der Strecke drei Tunnels – nehmen Sie eine Taschenlampe mit.

1–2

Vom Parkplatz gehen Sie vor das Forsthaus, das von einem im Frühjahr wundervoll blühenden Rhododendronwald umgeben ist. Am Ende des von ein paar rustikalen Picknickbänken und einem kleinen Ententeich gesäumten Platz sehen Sie schon den Wegweiser mit der Aufschrift »Caldeirão Verde 6,5 km, Caldeirão do Inferno 8 km«. Biegen Sie in den von Lorbeerbäumen, Eichen und Zypressen gesäumten Levadaweg ein. Die allgegenwärtige Feuchtigkeit lässt den zunehmend schmaler werdenen Pfad oft glitschig werden, achten Sie trotz der reizvollen Vegetation um sich herum immer auf den oft unebenen Boden.

Die Levada verläuft nun nach links; rechter Hand geht es oft steil in die Tiefe. Grund zur Höhenangst gibt es nicht, da ein Zaun und der üppige Wald Schutz bieten. Kurz nach dem Tor kommt ein Überhang, von dem Wasser auf den Weg tropft und dem Wanderer eine Dusche verpasst – nach Regenfällen sprüht es heftig! Hinter der nächsten Kurve müssen Sie die Levada für ein kleines Stück verlassen. Über den steinigen Weg geht es bergab und dann wieder nach oben. Gleich danach gilt es, ein Bachbett zu überqueren.

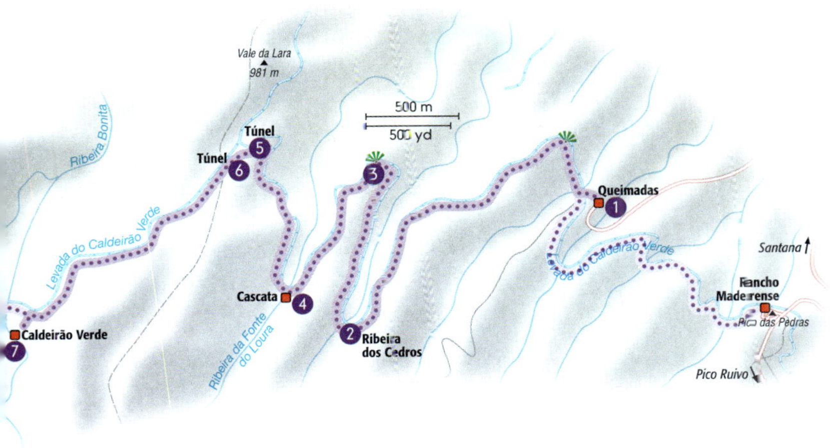

Hier können Sie eine Pause machen, um sich die Caldeirinha anzusehen mit einem kleinen Wasserfall, der zwischen Farnen und Leberblümchen in die Tiefe plätschert. Auf dem Hinweg haben Sie zu Ihrer Linken den Fels – manchmal mit tropfenden Abkühlungen – und rechter Hand einen oft steilen Abhang. Der Weg ist jedoch gut gesichert, sei es durch Drahtseile oder durch den üppigen Bewuchs. Nach einer guten halben Stunde haben Sie im Tal der Ribeira dos Cedros ein erstes Bachbett erreicht, eine Bogenbrücke führt Sie über das Schluchtbett. Zwischen dichten Farnen und Lebermoosen plätschert ein kleiner Wasserfall über die Steine.

2–3

Der Weg folgt nun der Tallinie der Ribeira dos Cedros, bis Sie von der Levada links in das Nachbartal geleitet werden. Nach dieser Kurve eröffnen sich Ihnen herrliche Blicke über klaffende Schluchten.

3–4

Durch das Tal der Ribeira da Fonte do Louro erreichen Sie in etwa zehn Minuten die Stelle, an der auch dieses Bächlein in den Tiefen dieses grünen Tales überquert wird. Ein Wasserfall stürzt sich aus etwa 50 Meter Höhe in die Levada.

4–5

Die Hälfte des Hinwegs ist nun geschafft. Es folgt ein Abschnitt mit recht ausgesetzten, schwindelerregenden Stellen, die jedoch mit Drahtseilen gesichert sind. Nach etwa zehn Minuten erreichen Sie den ersten Tunnel.

5–6

Taschenlampen an! Dem ersten, nur 20 Meter langen Tunnel folgt ein längerer – den Weg, der rechts am Tunneleingang in Richtung Ilha (PR 1.1) abzweigt, ignorieren Sie. Der Tunnel ist 200 Meter lang und hat so manche Pfütze unterwegs; wer größer ist, muss hier auch den Kopf einziehen. Gleich anschließend kommt ein dritter, relativ enger und niedriger Tunnel von fünf Minuten Gehzeit; er windet sich durch das Gestein hindurch, sodass man das Ende erst sehen kann, wenn man schon fast da ist.

Links: Wer nach Madeira reist und nicht an einer Levada entlangläuft, bringt sich um ein einzigartiges Erlebnis.

Rechts: Am »Grünen Kessel« stürzt ein Wasserfall in den Teich, der die Levada speist.

6–7

Wieder am Licht, folgen Sie dem schmalen, in die Felsen gehauenen Weg; rechts geht es steil in die Tiefe. Man kann den Zaun nutzen, um das Gleichgewicht besser zu halten, aufstützen sollte man sich aber nicht. Wer dieses Stück bewältigt hat, der erreicht nach 20 Minuten den Caldeirão Verde. Um den »grünen Kessel« zu betreten, müssen Sie durch einen Spalt im Gestein das Tal bergauf gehen, dann ist unvermittelt das Herzstück des Naturphänomens in seiner ganzen Erhabenheit zu sehen.

Wer immer noch überschüssige Energie hat, der kann bis zum Caldeirão do Inferno (»Höllenkessel«) weitergehen (hin und zurück 6 km, ca. 2 Stunden Gehzeit mit einem steilen Aufstieg und zum Teil niedrigen Tunneln). Belohnt werden Sie mit einer einzigartigen Atmosphäre inmitten eines von feinen Wasserfäden umschlossenen Kessels. Tiefer können Sie in das grüne Herz der Insel kaum eindringen.

KLEINE PAUSE

Das **Forsthaus Queimadas** ist ein hübscher Ort für ein Picknick vor oder nach der Wanderung – vor allem direkt am Bach. Das strohbedeckte Haus wurde 2018 durch ein (kostenpflichtiges) Volks- und Naturkundemuseum, eine Cafetaria und WCs erweitert.

Die Festa da Flor, das Blumenfest, gehört zu den beliebtesten Veranstaltungen auf Madeira und findet traditionell Anfang Mai statt.

Praktische Informationen

Was vor der Reise wichtig ist, wie Sie vor Ort gut zurechtkommen und viele wichtige Infos mehr erfahren Sie hier.

Seite 194–208

VOR DER REISE

Auskunft

Posto de Turismo (Touristeninformation): ✉ Avenida Arriaga 16, Funchal, ☎ 00351 291211902, Mo–Fr 9–20, Sa–So 9–15.30 Uhr

Weitere *Postos de Informação Turística* gibt es im Flughafen (tgl. 9–21.30 Uhr), am Kreuzfahrtschiff-Terminal (bei Ankünften 8.30–11 Uhr), in Porto Moniz (Mo–Fr 10–17, Sa 10–12.30 Uhr), in Ribeira Brava (Mo–Fr 10–16, Sa 10–12.30 Uhr), in Santana (Mo 14–16.30, Di–Fr 9.30–16, Sa 9–13 Uhr) und auf Porto Santo (Mo–Fr 9–17.30, Sa 10–12.30 Uhr).

Websites

www.visitmadeira.pt: Offizielle Webseite des Tourismusverbands mit umfangreichen Informationen über Anreise, Unterkünfte, Sehenswürdigkeiten, Aktivitäten und Events. Besonders nützlich sind die aktuellen Hinweise zu gesperrten Straßen oder Wanderwegen. Die Seite gibt es auch auf Deutsch.
www.madeiraallyear.com: Madeira stellt sich und seine Besonderheiten (ebenfalls von offizieller Seite aus) vor. Hier finden Sie z.B. (auch auf Deutsch) ausführliche Informationen zu den großen Festen (Blumenfest, Karneval, Weihnachten und Silvester etc.) und ein Blog.
www.forum-madeira.eu: In dem deutschsprachigen Forum tauschen sich Residenten, Urlauber und Madeira-Fans zu sämtlichen Themen rund um die Insel aus. Schwerpunkt bilden Wandertipps und -beschreibungen.
www.madeira-zeitung.de: Unabhängige Internetzeitung für Urlauber und Residenten mit Artikeln zu aktuellen Themen.

Botschaften und Konsulate

Deutsches Konsulat: Auf Madeira gibt es kein deutsches Konsulat mehr, für alle konsularischen Anliegen ist die Botschaft in Lissabon zuständig:
Campo dos Mártires da Pátria 38, 1169-043 Lisboa,Tel. 218 81 02 10, www.lissabon.diplo.de
Österreichisches Honorarkonsulat: Rua Imperatriz D. Amelia, Edificio Princesa, Loja 0/4, 9000-018 Funchal, Tel. 291 62 75 41, www.bmeia.gv.at
Schweizer Konsulat: Schweizer wenden sich für konsularische Dienstleistungen an das Schweizer Konsularzentrum in Madrid (Tel. 00 34 914 36 39 60, E-Mail: madrid@eda.admin.ch) oder kontaktieren die Helpline EDA in Bern (Tel. 00 41 800 24 73 65).

Elektrizität

Die Stromspannung beträgt 220 Volt Wechselstrom. Die Stecker sind rund und zweipolig. Es wird kein Adapter benötigt.

Ermäßigungen

In manchen Museen und Sehenswürdigkeiten kommen Senioren, Kinder und Jugendliche, Auszubildende, Studierende und Reisegruppen (ab 10 Pers.) in den Genuss von ermäßigten Eintrittskarten.

Feiertage

1. Januar	Neujahr
März/April	Karfreitag
25. April	Tag der Nelkenrevolution
1. Mai	Tag der Arbeit
10. Juni	Nationalfeiertag
Juni	Fronleichnam
1. Juli	Madeira-Tag
15. August	Mariä Himmelfahrt
21. August	Funchal-Tag
5. Oktober	Tag der Republik
1. November	Allerheiligen
1. Dezember	Tag der Restauration
8. Dezember	Unbefleckte Empfängnis
25. Dezember	Weihnachten

Geld

Portugal gehört zur Euro-Zone. Für die Schweiz gilt: 1 € = ca. 1,14 CHF; 1 CHF = ca. 0,88 € (tagesaktueller Wechselkurs z.B. auf www.oanda.com)

Die meisten internationalen Kreditkarten werden von Banken, Hotels, Restaurants, Autovermietern und vielen Einzelhandelsgeschäften akzeptiert. Geldautomaten sind weit verbreitet, selbst in kleineren Ortschaften finden Sie meist einen *multibanco*.

Sperrnummern: Unter Tel. 0049 116 116 kann man in Deutschland Bank- und Kreditkarten, Online-Banking-Zugänge, Handykarten und die elektronische Identitätsfunktion des neuen Personalausweises bei Verlust sperren lassen. Für Österreich gilt die Telefonnummer: 0043 1 2 04 88 00. Die Schweiz hat keine einheitliche Notfallnummer. Die wichtigsten sind: 0041 44 659 69 00 (Swisscard); 0041 44 828 31 35 (UBS Card Center); 0041 58 9 58 83 83 (VISECA); 0041 44 8 28 32 81 (PostFinance).

Gesundheit

Krankenversicherung: Bürger aus EU-Ländern erhalten in den staatlichen Gesundheitszentren kostenlose oder kostenreduzierte medizinische Behandlung mit der Europäischen Versichertenkarte (EHIC). Eine zusätzliche Privatversicherung ist empfehlenswert. In den privaten Gesundheitseinrichtungen ist Vorleistung erforderlich.
Zahnarzt: Die zahnärztliche Behandlung erfolgt in privaten Zahnkliniken (Vorleistung erforderlich, die Kosten können Sie bei Ihrer Auslandskrankenversicherung einreichen). Kontakte zu Zahnkliniken vermittelt Ihr Hotel.
Medikamente: In jeder Apotheke (*farmácia*) sind frei verkäufliche und verschreibungspflichtige Medikamente erhältlich. Wer regelmäßig etwas einnehmen muss, sollte jedoch die entsprechende Menge mitnehmen, da es keine Garantie gibt, dass das entsprechende Medikament auch erhältlich ist.
Trinkwasser: Das (stark chlorhaltige) Leitungswasser kann man theoretisch trinken. Besser schmeckt abgefülltes Wasser, es ist überall erhältlich. Wer es mit Kohlensäure möchte, kauft *água com gás*.

In Kontakt bleiben

Post: Postämter (*correios*) gibt es in den größeren Orten. Nationale sowie internationale Post gehört in die roten Briefkästen. Per »Correio Azul« (blauer Kasten) verschickte Sendungen sind schneller, aber teurer. Briefmarken gibt's oft auch am Kiosk.
Telefonieren: In manchen Orten gibt es noch öffentliche Münztelefone. Um vom Ausland aus Madeira oder Porto Santo anzurufen, wählen Sie 00 351 (internationale Vorwahl für Portugal).
Mobil telefonieren: Das Mobilfunknetz auf Madeira ist trotz des schwierigen Geländes überwiegend gut. Besucher können ihre Handys benutzen wie zu Hause. Auch nach dem Wegfall der Roaming-Gebühren in der EU gibt es Anbieter, die je nach Tarifoption für Handy-Nutzung im Ausland Kosten berechnen, checken Sie vorher Ihren Vertrag! Für Schweizer fallen im Ausland nach wie vor Roaming-Gebühren an.
WLAN und Internet: Die Mehrheit der Hotels verfügt über WLAN (selten kostenpflichtig), das in den Gästezimmern und Aufenthaltsbereichen anwählbar ist. Zuweilen gibt es auch einen öffentlich nutzbaren Computer, doch das wird seltener, da die meisten Gäste mit Laptops und Handys reisen. Unterwegs kann an einigen Spots auf der Insel das von Wi-Fi Madeira (www.wifi-madeira.com) bereitgestellte WLAN genutzt werden, zudem gibt es häufig Gratis-WLAN in den Cafés und Restaurants.

Internationale Vorwahlen:
Deutschland ☎ 00 49
Österreich ☎ 00 43
Schweiz ☎ 00 41

Notrufe

☎ 112 (Polizei, Feuerwehr, Ambulanz)
☎ 291 23 01 12 (Küstenwache)
☎ 291 70 01 12 (Zivilschutz, Bergrettung)
☎ 800 29 02 90 (Pannenhilfe auf der Via Rápida)

Reisedokumente

Urlauber aus Deutschland, Österreich oder der Schweiz benötigen einen gültigen Personalausweis. Wer einen Mietwagen ausleihen möchte, muss einen Führerschein dabeihaben.

Reisezeit

»Madeira all year!« – die Inselgruppe wirbt damit, ein ganzjähriges Reiseziel zu sein. Im Frühjahr bezaubern die jungen Blüten, im Sommer und Herbst die angenehmen Badetemperaturen. Doch auch der Winter ist meist mild, sonnige Tage sind keine Seltenheit, auch wenn es abends oft zu frisch ist, um noch im Freien zu sitzen.

Doch Vorsicht! Das viele Grün kommt nicht von ungefähr, es muss im Winterhalbjahr auch mal ordentlich regnen, damit sich die Vegetation für die zunehmend heißen und trockenen Sommermonate wappnen kann. Auch mit tiefer Bewölkung oder starken Winden muss mitten im Atlantik immer mal wieder gerechnet werden (s.a. Anreise). Aber keine Panik: Madeira hat mehrere Mikroklimata. Das Wetter hängt von Tageszeit, Geografie und Höhe ab. Es kann deshalb morgens sonnig sein, am Nachmittag regnen und abends wieder aufklaren. Oder Sie fahren durch einen Tunnel und erleben plötzlich ein völlig anderes Wetter.

Generell scheint die Sonne im Süden der Insel häufiger als im Norden, wo es nicht ohne Grund viel grüner und saftiger ist.

Sicherheit

Madeira ist ein sehr sicheres Reiseziel. Passen Sie dennoch auf im Gedränge, z.B. in der Markthalle von Funchal. Sollten Sie Opfer eines Diebstahls werden, melden Sie den Vorfall in der Hauptpolizei in der Rua da Infância 28–32 in Funchal; lassen Sie sich eine Kopie des Protokolls als Nachweis für die Versicherung geben.

Zeit

Auf Madeira wie auf dem portugiesischen Festland gilt die Greenwich Mean Time (GMT), also von Deutschland aus gesehen minus eine Stunde. Von Ende März bis Ende Oktober wird die Uhr zur Sommerzeit eine Stunde vorgestellt.

Zollbestimmungen

Innerhalb der Europäischen Union ist der Warenverkehr für private Zwecke weitgehend zollfrei, es sind jedoch bestimmte Höchstmengen zu beachten.

Nähere Infos finden Sie unter www.zoll.de, www.bmf.gv.at/zoll und www.ezv.admin.ch.

ANREISE

Mit dem Flugzeug

Der Flughafen von Madeira hat eine Startbahn von 2,7 km Länge; er kann inzwischen auch von großen Jets angeflogen werden. Regelmäßige Flugverbindungen unterhält die portugiesische Fluglinie TAP Portugal mit täglichen Flügen von verschiedenen Flughäfen in Deutschland, Österreich und der Schweiz, allerdings immer mit Umsteigen in Lissabon. Auch Easyjet fliegt zweimal täglich von Lissabon nach Funchal. Direktflüge aus Mitteleuropa werden – vor allem im Sommerhalbjahr – von Lufthansa, Eurowings, Austrian Airlines und von Ferienfluggesellschaften wie Condor, Tuifly, Germania und Edelweiss Air angeboten. Easyjet fliegt dienstags von Basel-Freiburg direkt nach Madeira.

Die Flugzeit nach Madeira beträgt ca. 1,5 Stunden von Lissabon und vier Stunden von Frankfurt. Es kann zu jeder Zeit im Jahr vorkommen, dass Flüge wegen starker oder ungünstiger Winde umgeleitet werden müssen, nämlich nach Porto Santo (15 Minuten nördlich), auf die Kanarischen Inseln (eine Stunde weiter südlich) oder gar nach Lissabon (1,5 Stunden nördlich), wo man dann im schlimmsten Fall ein oder zwei Tage warten muss, bis das Wetter besser ist.

Vom Flughafen in die Stadt

Der Flughafen von Madeira heißt mit offiziellem Namen Aeroporto Internacional da Madeira Cristiano Ronaldo, er befindet sich etwa 20 Kilometer östlich der Inselhauptstadt. Der Ankunftsbereich ist übersichtlich, Sie sehen gleich die Mietwagenbüros und die Touristeninformation.

Viele Urlauber werden am Flughafen von Reisebegleitern erwartet und direkt zu ihrer Unterkunft gebracht. Individualreisende können aus folgenden Optionen wählen:

Taxis: Taxis stehen vor der Ankunftshalle und bringen Sie in 20 Minuten nach Funchal. Zu den meisten Orten auf Madeira wird ein Pauschalpreis berechnet, abhängig von Personenzahl und Gepäckmenge. Sonntags und zwischen 22 und 7 Uhr kommt ein Zuschlag dazu. Sprechen Sie den Fahrpreis vor dem Einsteigen ab.

Flughafenbus: Ein Flughafenbus fährt alle 1 bis 1,5 Stunden von der Bushaltestelle vor dem Ankunftsterminal ab. Er ist recht preiswert (5 €), hält in der Stadtmitte, im Hotelbezirk von Funchal und an der Praia Formosa. Mehr Infos unter www.sam.pt/informacoes-aerobus.html. Des Weiteren fahren die SAM-Buslinien Nr. 113, 20, 208 und 53 am Flughafen vorbei, doch die langen und unregelmäßigen Fahrtzeiten sowie der fehlende Gepäckraum im Bus sind eher beschwerlich. Der Aerobus ist eindeutig zu bevorzugen.

Mietwagen: Die meisten großen Autoverleihfirmen haben am Flughafen einen Schalter. Sie sollten jedoch unbedingt im Voraus eine Reservierung vornehmen.

Mit dem Schiff

Fast täglich legen Kreuzfahrtschiffe in Funchal an, viele Schiffsurlauber lernen die Insel durch einen Landausflug kennen. Darüber hinaus wird Madeira seit Sommer 2018 auch wieder von einer Fähre angefahren. Die Sousa-Gruppe (www.madeira-ferry.pt) charterte die kanarische Fähre »Volcán de Tijarafe«, um Funchal in etwa 23 Stunden Fahrtzeit mit dem portugiesischen Festland (Portimão an der Algarve) zu verbinden, allerdings nur einmal wöchentlich zwischen Juni und September.

Nach Porto Santo

Egal ob Sie Madeiras Nachbarinsel nur für einen Tagesausflug besuchen möchten oder ob Sie mehrere Tage bleiben – die Fähre ist die üblichste und günstigste Möglichkeit, dort hinzukommen. Der »Lobo Marinho« (Tel. 291 21 03 00; www.portosantoline.pt) fährt morgens um 8 Uhr am Hafen von Funchal ab und macht sich (je nach Monat und Wochentag) abends um 18, 19 oder 22.30 Uhr auf den Rückweg. Manchmal gibt es fährfreie Tage, daher macht es Sinn, den aktuellen Plan auf der Internetseite zu konsultieren. Die Fahrt dauert gut zwei Stunden.

Alternativ können Sie mit den Turboprop-Maschinen von Binter (www.bintercanarias.com) hinüberfliegen, die kanarische Fluggesellschaft bietet regelmäßige Flüge von ca. 20 Minuten an. Direktflüge von Deutschland gibt es nicht, mit einem Zwischenstop in Lissabon kommen Sie jedoch mit TAP (www.flytap.com) ohne Umweg über Madeira nach Porto Santo.

UNTERWEGS AUF MADEIRA

Im Zentrum Funchals bewegt man sich am besten zu Fuß, da die Stadt recht kompakt ist und das sonnige Klima und die belebten Straßen jeden Gang zum Vergnügen machen. Manche der größeren Hotels bieten einen kostenlosen Shuttlebus-Service in die Innenstadt.

Öffentlicher Nahverkehr

Das Busnetz auf Madeira ist eher auf die Bedürfnisse der einheimischen Bevölkerung als auf die Interessen der Touristen ausgerichtet. Wenn Sie über weite Strecken per Linienbus fahren möchten, haben Sie einiges an Planungsaufwand. In manche Regionen wie das Hochgebirge oder Paúl da Serra fahren gar keine Busse, in den Norden oder Westen sind Sie lange unterwegs. Innerhalb des Stadtgebiets von Funchal oder in Richtung Câmara de Lobos, Caniço und Machico hingegen ist das Linienbusnetz verhältnismäßig gut zu nutzen.

Beim Touristeninformationsbüro in Funchal sind Fahrpläne erhältlich – sie sind für die Reiseplanung unentbehrlich. Die verschiedenen Busunternehmen veröffentlichen Pläne auch im Internet. Es gibt vier Busunternehmen, die mit ihren Linien verschiedene Teile der Insel abdecken: Automóveis do Caniço (rot, grau und weiß; www.eacl.pt) zwischen Funchal und Caniço; Horários do Funchal (gelb/grau, gelb und weiß; www.horariosdofunchal.pt) verkehrt zwischen Funchal und den Vororten und fährt Camacha, Santo da Serra und Curral das Freiras an; Rodoeste (rot und weiß; www.rodoeste.pt) fährt von Funchal aus in Richtung Süden, Westen und Inselmitte, und SAM (grün, creme und weiß; www.sam.pt) in die östlichen Teile der Insel. Sämtliche Busse in Funchal fahren von Haltestellen an der Avenida do Mar ab, die sich zwischen dem Palácio de São Lourenço und der Seilbahnstation in der Altstadt befinden. Fahrkarten bekommen Sie beim Fahrer. Für Fahrten mit den Horarários do Funchal gibt es auch Fahrkartenautomaten und einen Verkaufskiosk, an denen Sie die wiederaufladbaren »Giro-Tickets« erhalten. Es gibt Tages-, Mehrtages- und Wochentickets (gültig bis zu sieben Tage). Kinder unter 16 Jahren reisen zum halben Preis. Erfragen Sie die beste Option am Kiosk!

Sightseeing und Landausflüge

Mit den Hop-On Hop-Off-Bussen von Yellow Tours (www.yellowbustours.com) lernen Sie bequem Funchal und Umgebung (bis zum Cabo Girão) kennen, teilweise sind die Tickets 48 Stunden lang gültig. Mehrere Veranstalter (z.B. www.madeirahappytours.com) bieten Tagesausflüge in den Norden, Süden, Westen oder Osten der Insel an, die Tour ins Nonnental dauert nur einen halben Tag.

Es gibt ein riesiges Ausflugsspektrum, sei es in großen Bussen oder auf kleinen Minibus-Touren. Jeep-Safaris (z.B. mit Mountain Expeditions,Tel. 969 67 76 79, www.mex.pt) ermöglichen mit geländegängigen Fahrzeugen abenteuerliche Aussichten. Umweltfreundlicher wäre es zu Fuß: Schöne, individuell zusammengestellte Wanderausflüge hat die in Caniço lebende Christa Dornfeld in ihrem Programm (C 00 351/915 69 32 05; www.madeirawandern.com).

Bootsausflüge

Die meisten Ausflugsboote legen im Hafen von Funchal ab, doch auch in den Marinas von Calheta, Quinta do Lorde und Machico gibt es inzwischen Veranstalter für Bootsausflüge. Zu buchen sind die Ausfahrten online, an den Verkaufsstellen im Hafen oder auch über die Hotels.

Der Star unter den Bootstouren ist die »Santa Maria de Colombo«: Das als Piratenschiff dekorierte Segelboot ist ein Nachbau des Schiffs, mit dem Kolumbus in die Neue Welt segelte. Zweimal täglich werden dreistündige Fahrten entlang der Südküste angeboten (Marina Funchal,Tel. 291 22 56 95; www.santamariadecolombo.com). Manchmal sieht man unterwegs Wale und Delfine.

Auch VMT (Marina Funchal,Tel. 00 351/291 22 49 00, www.vmtmadeira.com) macht sich mit seinen Katamaranen auf die Suche nach Meeressäugern, darüber hinaus gibt es aber auch Fahrten zum Sonnenuntergang oder Tagesausflüge zu den Ilhas Desertas. Wenn Sie wirklich eine besondere Wal- und Delfinbeobachtungsausfahrt erleben möchte, sei Ihnen Lobosonda (Marina Calheta, C 968 40 09 80, www.lobosonda.com) empfohlen, das deutschsprachige Team legt großen Wert auf tierschonende und nachhaltige Beobachtung.

Sie möchten eine Wanderung auf der Halbinsel São Lourenço mit einer Bootstour kombinieren? Lourenço Sardinha (Marina Quinta do Lorde,Tel. 967 66 81 11, www.lourencosardinha.pt) bietet sowohl Wassertaxi-Fahrten zwischen der Quinta do Lorde und dem Cais do Sardinha auf der Halbinsel, als auch längere Erkundungs- oder Whalewatchingtouren vor der Ostküste an.

Mit dem Auto/Mietwagen

Wer die Insel, vor allem die höheren oder abgelegeneren Gefilde, erkunden oder bestimmte Wandertouren unternehmen möchte, ist auf einen Mietwagen angewiesen. Doch Vorsicht, Madeiras Straßen sind, abgesehen von der Schnellstraße (Vía Rápida), meistens steil und kurvenreich. Die Verkehrsregeln sind in etwa wie in Deutschland, die Promillegrenze liegt ebenfalls bei 0,5. Die Höchstgeschwindigkeit beträgt 50 Stundenkilometer in der Stadt und 100 auf den Landstraßen (wenn es die Kurven erlauben!) und der Schnellstraße. Auf der Via Rápida und in Tunnels muss das Abblendlicht eingeschaltet sein.

Die meisten Autovermietungsfirmen (lokale wie internationale Unternehmen) haben eine Außenstelle am Flughafen. Es empfiehlt sich immer, den Mietwagen schon im Vorhinein zu reservieren, z.B. über Vergleichsportale wie billiger-mietwagen.de oder check24.de. Sie müssen über 21 sein und seit einem Jahr den Führerschein haben, zudem brauchen Sie die üblichen Ausweispapiere sowie eine gültige Kreditkarte. Checken Sie vor dem Mieten eines Fahrzeugs die Funktionstüchtigkeit aller Bremsen, denn diese müssen auf Madeiras steilen Straßen in exzellentem Zustand sein.

Avis (Flugh.)Tel. 291 52 43 92, www.avis.de
HertzTel. 219 42 63 00, www.hertz.de
RodavanteTel. 291 75 85 06, www.rodavante.com
Auto JardimTel. 291 21 31 00, www.autojardimrentacar.pt
GuerinTel. 291 52 22 48, www.guerin.pt
MagoscarTel. 291 93 48 18, www magoscar.com, BravacarTel. 291 70 89 00, www.bravacar.com.pt
Moinho (Porto Santo)Tel. 291 98 21 41, www.moinhorentacar.com

Taxi
Für längere Wege in Funchal, gerade am Abend, empfiehlt sich ein Taxi. Lassen Sie es sich am besten von Ihrem Hotel oder Restaurant rufen, oder gehen Sie zu einem der zahlreichen Taxistände (*praça de taxi*). Normalerweise wird automatisch mit Taxameter gefahren, eine Fahrt durch Funchal kostet tagsüber zwischen 8 und 12 Euro. Für halb- oder ganztägige Inselrundfahrten (teilweise auch mit deutschsprachigen Fahrern) gibt es Festpreise. Eine 6-7-stündige private Inselführung kostet in etwa 150 Euro.

Auf Porto Santo finden Sie Taxis (auch für Tages- oder Halbtagesausflüge) in der Rua Dr. Nuno Silvestre Teixeira.

Fahrrad
Das Fahrrad als Verkehrsmittel hat es auf der steilen Insel schwer, hier wird fast ausschließlich aus sportlichen Gründen geradelt. Mountainbikes können Sie z.B. bei den Madeira Bergziegen (http://madeira-bergziegen.de) ausleihen. Auf Porto Santo gibt es hingegen einen schönen Radweg parallel zum Strand, Autocolombo (www.aacolombo.com) verleiht dort Räder.

ÜBERNACHTEN

Wo Sie am besten absteigen, hängt von Ihren Urlaubsvorstellungen ab: Sie haben die Wahl zwischen Cocktails, Animation und Verwöhntwerden am Pool im Hotelbezirk, funktionaler Unterkunft in der Stadtmitte oder ländlicher Atmosphäre in einer Quinta in abgelegeneren Regionen.

Unterkünfte
Urlauber, die den Luxus eines großen Hotels mit Pool und Büfett-Restaurant schätzen, werden sich in den Hotelbezirken in Caniço de Baixo oder im Westen von Funchal wohl fühlen. Diese Häuser bieten oft eine in sich geschlossene Welt mit attraktiven Grünanlagen und Swimmingpools, Leseräumen, üppigen Frühstücksbüfetts und Abendunterhaltung. Meistens sind Sie hier in unmittelbarer Nähe zum Meer oder zur Uferpromenade.

Von manchen Häusern aus ist die Stadt noch bequem zu Fuß zu erreichen. Die weiter im Westen Funchals gelegenen Hotels sowie die Hotels in Caniço de Baixo bieten in der Regel einen Shuttlebus-Service.

Im Zentrum Funchals gibt es eine Reihe ausgezeichneter Design- oder Boutiquehotels, teilweise sogar mit Dachterrassenpool. Hier finden Sie aber auch günstigere *residenciais* mit preiswerten, zweckmäßig möblierten Zimmern.

Inzwischen haben in Funchals auch ein paar Hostels mit Mehrbettzimmern eröffnet. Wenn Sie einen Wagen mieten, sollten Sie jedoch unbedingt ein Hotel mit Garage wählen.

In den höher gelegenen Stadtteilen Funchals und in vielen kleineren Ortschaften der Insel gibt es wunderschön umgebaute Herrenhäuser (Quintas) mit exklusiver Landhausstimmung, wie zum Beispiel die Quinta Jardins do Lago in Funchal (S. 66). Ländliche Hotels oder luxuriöse Herbergen in ruhigen Küstenorten nennen sich manchmal Estalagem, wie z.B. die architektonisch umwerfend gestaltete Estalagem Ponta do Sol (S. 147).

Restaurierte Villen und sowohl ländliche als auch städtische Apartments finden Sie z.B. auf www.madeirarural.com.

Buchung und Preisvorteile
Gute Angebote bietet z.B. www.booking.com, aber auch die lokale Webseite www.

madeira-web.com. Außerhalb der Saison, insbesondere im November, Januar und Februar sind interessante Preisnachlässe möglich, zu Weihnachten und Silvester hingegen werden Übernachtungen extrem teuer, dafür beinhalten sie in größeren Häusern häufig edle Festtags-Dinner mit Showeinlagen. Auf jeden Fall empfiehlt sich zu den Hochsaison-Zeiten eine frühzeitige Reservierung, denn zu Ostern und Pfingsten, zum Blumenfest, zu Weihnachten und Silvester sowie in den Sommerferien ist Madeira in aller Regel sehr gut besucht.

ESSEN UND TRINKEN

Ein Großteil der Restaurants auf der Insel serviert traditionelle madeirische Küche, die Speisekarten ähneln sich oft. Doch letztendlich finden Sie hier alles: von kleinen Cafés mit einfachen und preiswerten Tagesgerichten bis hin zu Gourmetrestaurants mit Michelin-Sternen und ausgeklügelten Geschmacksexplosionen. Die Madeirer selbst schätzen die Weisheit: Je einfacher die Umgebung und je simpler das Ambiente des Restaurants, desto besser die Küche.

Madeirische Spezialitäten

Espada (Degenfisch), ein weißer, grätenarmer Fisch von delikatem Geschmack, findet sich fast auf jeder Speisekarte. Gewöhnlich bekommen Sie ihn gegrillt, frittiert, gedünstet oder flambiert, häufig mit einer Maracujasoße und einer gebratenen Banane serviert.
Fangfrisch gegrillter Fisch und Meeresfrüchte sind wichtige Bestandteile der madeirischen Küche. Sie haben die Wahl zwischen Napfschnecken (in Knoblauchbutter), Sardinen, Thunfisch, Brasse, Riesengarnelen, Hummer, Tintenfisch und mehr. *Caldeirada* (eine schmackhafte Fischsuppe) und *cataplana* (ein reichhaltiger Auflauf mit Fisch, Knoblauch und Tomaten) sind ebenfalls zu empfehlen. Besucher vom portugiesischen Festland essen gern Stockfisch – z. B. mit Rührei, Kräutern und Kartoffeln als *bacalhau à brás* zubereitet.
Espetada, eine weitere Spezialität, besteht aus mit Knoblauch und Kräutern marinierten Rindfleischwürfeln, die auf einem Lorbeerspieß über einem Holzfeuer gegrillt werden. Diese aromatischen Fleischspieße sind traditioneller Bestandteil einer jeden madeirischen Feier. Meistens serviert das Restaurant als Beilage *milho frito* (gebratene Maispolenta) und *bolo de caco*, ein (vielerorts auch gebacken am Straßenrand zu kaufendes) Fladenbrot aus Weizen- und Kartoffelmehl, das ofenfrisch und mit reichlich Knoblauchbutter auf den Tisch kommt.
Nachspeisen: Nach dem deftigen Hauptgericht stehen eine Vielzahl an Nachspeisen zur Auswahl. Besonders typisch und schmackhaft ist *pudim de maracujá* (Passionsfruchtpudding). Auch die Karamellcreme *pudim flan* ist zu empfehlen. Süße *tartes* mit frischem Obst (z. B. Cheesecake) oder der berühmte Honigkuchen *bolo de mel* schmecken auch zum Nachmittagskaffee.
Vegetarisches: Vegetarier kommen auf Madeira noch immer etwas kurz. Da die Küche sehr auf Fisch und Fleisch ausgerichtet ist, findet man auf vielen Speisekarten nur Omelettes oder einfache Nudelgerichte als Alternative.

Essen gehen

Wenn Sie nicht in einer größeren Gruppe unterwegs sind oder in ein eher vornehmes Lokal gehen, finden Sie häufig auch ohne Reservierung einen Tisch, vor allem wenn Sie früh (so gegen 19 Uhr) kommen. Notfalls warten Sie einfach an der Bar darauf, dass ein Tisch frei wird, und nehmen schon mal eine Poncha als Aperitif!

In den Hotels ist das Frühstück normalerweise im Übernachtungspreis inbegriffen, nicht selten gibt es ein üppiges Büfett. Wer mit den Einheimischen frühstücken will: In den Cafés gibt es ab etwa 7 oder 8 Uhr Kaffee und süßes Gebäck.

Die meisten Portugiesen essen zwischen 12 und 14 Uhr zu Mittag. Abends herrscht der größte Andrang zwischen 20 und 22 Uhr. Restaurants im Inselinneren sind deutlich ruhiger als die in den Touristengebieten, und die Menschen essen dort früher zu Abend: Nach 22 Uhr werden Sie kaum noch etwas Warmes bekommen, in der Altstadt Funchals ist das – gerade am Wochenende – hingegen kein Problem.

Speisekarte und Preise
Mehrsprachige Speisekarten sind in den meisten Restaurants Standard. Auch die Kellner sprechen in der Regel gut Englisch und manchmal sogar etwas Deutsch.
In einfachen Restaurants gibt es mitunter ein sehr preiswertes *menu do dia* (Tagesmenü), das gewöhnlich aus Suppe, Fleisch oder Fisch und einem Dessert besteht. Günstige Alternativen sind oft Eintöpfe und Aufläufe, sie sind meist eine komplette Mahlzeit. In der Regel wird man von einer »halben Portion« (*meia-dose*) ausreichend satt, eine ganze Portion reicht häufig für zwei.

Bestimmte Fische oder Meeresfrüchte werden nach Gewicht berechnet. Erkundigen Sie sich beim Ober, welche Menge gewöhnlich serviert wird, und lassen Sie sich die Kosten kalkulieren. Inzwischen ist er verpflichtet, Sie zu fragen, ob Sie als Vorspeise ein Couvert (Brot, Oliven, Patés etc.) möchten. In diesem Fall wird dies ganz normal berechnet. Gezahlt wird bar oder mit Karte. In der Gruppe wird in der Regel gemeinsam bezahlt und nicht kompliziert auseinander gerechnet. Wenn Sie getrennte Rechnungen möchten, bestellen Sie *contas separadas*. Das Trinkgeld (5–10 Prozent) lässt man am Ende auf dem Tisch liegen.

Getränke
Wein fließt auf Madeira reichlich, viele Gaststätten bieten günstige portugiesische Hausweine an. Genauso beliebt ist das inseleigene Bier »Coral«. Die Madeirer trinken Bier und Wein bevorzugt in Cafés und Bars, wo sie nebenbei Fußball schauen können, oder an den einfachen Tischen an der Straße. Besonders beliebt sind die frisch gemixten Ponchas, ein inseltypisches Traditionsgetränk aus Zuckerrohrschnaps, Honig, Orangen- und Zitronensaft. Es gibt aber auch neue Kreationen, z.B. mit Maracujasaft oder als Longdrink mit Eis.

Eine Welt für sich sind die Variationen des Madeiraweines (S. 32): Wer typisch madeirisch speisen will, trinkt einen trockenen Sercial als Aperitif und einen süßen Boal oder Malvasia zum Dessert.

Zum Abschluss eines jeden Mahls (und auch sonst mehrmals am Tag!) trinkt der Portugiese eine *bica* (einen Espresso). Wer dann noch einen Verdauungsschnaps braucht, fragt nach einem *aguardente* oder *bagaço* (Zuckerrohrschnaps oder Trester).

Top-Tipps für ...
... Kaffee & Kuchen: A Confeitaria in Funchal (S. 70)
... Fischessen: Vila do Peixe in Câmara de Lobos (S. 99)
... ein Spitzenrestaurant: Il Gallo d'Oro im Hotelviertel von Funchal (S. 99)
... ein romantisches Essen: Armazém do Sal in Funchal (S. 67)
... ein preiswertes Essen: O Cesto in Camacha (S. 168)
... madeirische Küche: O Forno in Ponta do Pargo (S. 148)

Preise für ein Essen (ohne Getränke und Service):

€	unter 15 €
€€	15 bis 30 €
€€€	über 30 €

AUSGEHEN

Auf Madeira gibt es kein Nachtleben wie etwa auf Ibiza, was viele Touristen als ausgesprochen wohltuend empfinden. Das bedeutet aber nicht, dass die Madeirer nicht gerne feiern (das tun sie mit Inbrunst!), oder dass Sie – wenn Sie denn danach suchen – keine Kneipen oder Clubs fänden

Vielen Urlaubern genügt es, abends schön zu essen, vielleicht noch einen Drink in der Hotelbar zu nehmen und dabei den dort auftretenden Musikern zu lauschen. Andere mischen sich am Wochenende zu später Stunde unter die jungen Leute in den Poncha- und Musikkneipen im Ausgehviertel Zona Velha oder in den Diskotheken Funchals. Manche Clubs veröffentlichen Mottopartys oder Gast-DJ-Auftritte auf der Veranstaltungsseite www.acontecemadeira.pt.

Generell konzentriert sich das kulturelle Leben, abgesehen von den Dorffesten, auf die Inselhauptstadt.

Auf Porto Santo beschränkt sich das Nachtleben auf die Sommermonate, wenn die Bars und Cafés in Strandnähe abends Konzerte veranstalten oder an lauen Wochenendabenden DJs engagieren.

Tanz, Musik und Theater

Folklore: Folkloregruppen treten regelmäßig in Hotels und Restaurants in Funchal sowie bei Dorffesten auf. Für Musik sorgt die viersaitige *braguinha*, die als Urahnin der Ukulele gilt. Sie wird von einer Reihe von Schlaginstrumenten begleitet, darunter ein *raspadeira* genannter eingekerbter Holzstab und der *brinquinho*, eine mit Glocken und Kastagnetten bestückte große Rassel.

Die madeirischen Volkslieder und -tänze greifen die gleichförmig-rhythmischen Bewegungen bäuerlicher Arbeiten auf. Ein Tanz imitiert z. B. die Träger, die schwere Schläuche voll Wein, Zuckerrohrbündel oder Körbe voller Trauben schleppen, ein anderer erinnert an das barfüßige Stampfen der Trauben.

Auf Madeira können Sie auch Fado hören, jenen schmachtenden Gesang, der von Lissabon hierher über das Meer getragen wurde (das lateinische Wort fatum bedeutet »Schicksal«). Es geht um *saudade*, eine typisch portugiesische Mischung aus Fern- und Heimweh, Liebeskummer und Liebesglück, Sehnsucht und Lebensfreude, vorgetragen in innigem Miteinander von Stimme und Gitarre.

Die besten Interpreten halten das Publikum mit melancholischen Liebesgeschichten in Atem. Echten Fado hören Sie z.B. in manchen Bars und Restaurants der Altstadt Funchals oder an bestimmten Abenden im Jesuitenkolleg.

Klassische **Konzerte** (häufig von Studenten und Lehrern des Konservatoriums von Funchal), Vorträge, Filme und Ausstellungen in den größten Kulturstätten der Insel sind an der Avenida Arriaga vor dem Touristeninformationsbüro angeschlagen. Reservierungen sind nicht nötig – in aller Regel bekommt man das Ticket problemlos an der Abendkasse. Besonders lohnt sich ein Besuch des Orquestra Clássica da Madeira oder des Mandolinenorchesters. Beide spielen regelmäßig im neoklassizistischen Teatro Municipal Baltazar Dias (S. 73), das Mandolinenorchester auch alternierend in der English Church. Große (Rock-)Konzerte gibt es zum Beispiel im Rahmen des Festivals NOS Summer Opening.

EINKAUFEN

Die Insellage Madeiras bedeutet höhere Importkosten, Sie werden also selten Geschäfte finden, die mit Sonderpreisen auf Kundenfang gehen. Was es hier aber sehr wohl gibt, sind hübsche Ladenarkaden und Märkte mit traditionellem Kunsthandwerk. Die meisten Geschäfte finden Sie in der Hauptstadt Funchal. Für einen Bummel empfehlen sich die Straßen und Gassen nördlich und südlich der Kathedrale.

Öffnungszeiten

Kleinere Geschäfte oder Boutiquen haben in der Regel Mo–Fr 10–13 und 14–19 Uhr geöffnet, Sa 10–13 Uhr. Einige Bäckereien öffnen auch am Sonntagvormittag. Souvenirläden, Supermärkte und Shoppingcenter haben täglich und durchgehend geöffnet, teilweise bis 22 Uhr.

Zeitungen, Zeitschriften und Bücher

An den größeren Kiosken und in vielen Hotels sind die meisten großen deutschen Tageszeitungen und Zeitschriften erhältlich. Buchhandlungen führen portugiesische und englischsprachige Literatur, teilweise sind auch deutsche Bücher zu bekommen. Letztere gibt es häufig auch zum Tauschen in den Leseräumen der Hotels.

Mitbringsel und Souvenirs

Die beliebtesten Souvenirs sind Madeirawein (am besten in den Weinkellereien probieren und dann dort kaufen) und Schnittblumen (z.B. vom Markt oder aus dem Blumengeschäft am Flughafen).

Wenn Sie Kunsthandwerk suchen, werden Sie z.B. in Camacha fündig: hier ist das Zentrum der Korbflechterei (S. 166). Hier finden Sie alles, von kleinen Körben bis hin zu kompletten Möbelgarnituren. Wegen des Transports brauchen Sie sich keine Gedanken zu machen – die Firmen liefern seit Langem in alle Welt.

Hochwertige Madeirastickerei (S. 30) finden Sie in den Manufakturen oder Fachgeschäften in Funchal. Achten Sie beim Kunsthandwerk darauf, Originalprodukte aus Madeira (mit Gütesiegel) zu kaufen, keine Importe aus dem Fernen Osten.

SPORT UND AKTIVITÄTEN

Neben dem allgegenwärtigen Wandersport mit seinen Extremvarianten Trailrunning und Canyoning (Infos z.B. über www.madeiraout-door.com) sollen hier vor allem zwei – auf Madeira und Porto Santo sehr beliebte – Sportarten vorgestellt werden: Golf und Tauchen.

Golf

Im Osten von Madeira befinden sich die beiden Golfclubs der Insel. Der Clube de Golf Santo da Serra (Tel. 291 55 01 00; www.santodaserragolf.com) liegt auf einem Hochplateau südlich von Santo António da Serra, er verfügt über einen 27-Loch-Kurs.

Nordöstlich von Funchal befindet sich hoch über der Stadt der aussichtsreiche Golfplatz von Palheiro Golf (Tel. 291 79 01 20, www.palheirogolf.com), ein 18-Loch-Platz in einer herrlichen Parklandschaft mit Bäumen, die im 19. Jh. von der Familie Blandy gepflanzt wurden. Sie können hier als blutiger Anfänger Unterricht nehmen, doch eignet sich die Anlage auch für Fortgeschrittene.

Auf Porto Santo erstreckt sich die von Severiano Ballesteros entworfene 18-Loch-Anlage des Porto Santo Golf Clubs (Tel. 291 98 37 78, www.portosantogolfe.com) westlich des Flughafens.

Tauchen

Madeiras Südküste bietet ideale Bedingungen zum Tauchen, vor allem im Meeresschutzgebiet Garajau bei Caniço oder am frisch speziell für Taucher versenkten Kriegsschiff »Afonso Cerqueira« im neu gegründeten »Parque Natural Marinho do Cabo Girão«. Mehrere Tauchbasen in Funchal, Caniço und Machico bieten Tauchgänge an ihren felsigen Hausriffen oder vom Boot aus an, zu sehen bekommen Sie unter anderem Barsche und Rochen. Ein Schnuppertauchgang ist ebenso möglich wie ein Anfängerkurs oder geführte Tauchgänge für Fortgeschrittene. In Caniço empfiehlt sich das deutschsprachige Manta Diving Centre (im Galoresort in Caniço de Baixo, Tel. 291 93 55 88, www.mantadiving.com), in Funchal die deutschsprachige Tauchbasis Scuba Madeira im Hotel Pestana Palms (Rua do Gorgulho 17, Tel. 291 70 92 27, www.scuba- madeira.com).

Auch die klaren und relativ warmen Gewässer vor Porto Santo sind ein Paradies für Taucher: Vor allem die Wracktauchgänge zum Frachter »Madeirense« und zur 2016 versenkten Korvette »Pereira D'Eça« gehören zu den Highlights des Unterwassersports. Tauchgänge, Kurse und Schnuppertauchen bietet Porto Santo Sub (Tel. 916 03 39 97, www.portosantosub.com).

VERANSTALTUNGSKALENDER

FEBRUAR / MÄRZ

Carnaval: Beim Karnevalsfest steht die Inselhauptstadt vier Tage lang Kopf. Das ausgelassene Karnevalsspektakel gipfelt am Samstagabend in der großen Sambaparade in Funchal und endet am Dienstag mit dem satirischen Trapalhão-Umzug, bei dem sich die Madeirer in besonders ausgefallenen Kostümen zeigen.

MAI

Festa da Flor: Anfang Mai läutet die farbenprächtige Festa da Flor mit ihren Blütenteppichen und Blumenausstellungen den Inselfrühling ein. Tanzgruppen in bunten Blütenkleidern wechseln sich beim großen Korso entlang der Uferallee ab mit herrlich geschmückten Festwagen – ein Paradies für Hobbyfotografen und Blumenfans!

JUNI

Festival do Atlântico: Das *Atlantik-Festival* mausert sich – vor allem dank musikalisch untermalten Feuerwerkspektakel an den vier Samstagen im Juni – zum sommerlichen Publikumsmagneten. Garniert wird das Programm vom Weltmusik-Festival Raízes do Atlântico und anderen kulturellen Events.

JULI

Funchal Jazz Festival: Im Parque de Santa Catarina treten an drei Tagen einheimische und internationale Jazzer auf; zudem werden Workshops und Meisterklassen angeboten.
24 Horas a Bailar: Folkloregruppen aus allen Teilen Madeiras sowie aus anderen Ländern unterhalten die Besucher in Santana 24 Stunden lang mit Tanz und Gesang.
Semana do Mar: Vier Tage dauert die *Meereswoche* in Porto Moniz, bei der Bootsausfahrten, Wettbewerbe und die verschiedensten Wasserspiele veranstaltet werden.

AUGUST

Peregrinação Nossa Senhora do Monte: Am 15. August, Mariä Himmelfahrt, pilgern die Gläubigen hinauf nach Monte, zur Schutzpatronin der Insel.

AUGUST / SEPTEMBER

Festa do vinho: Madeira-Wein-Fest mit Pflücker-Umzug und Traubentreten in Estreito de Câmara de Lobos; in Funchal Licht-, Klang- und Folklore-Shows.

SEPTEMBER

Festival Colombo – Porto Santo: Vila Baleira auf Porto Santo feiert mit einer großen Parade, die die Entdeckungen von Christoph Kolumbus zum Thema hat, den berühmtesten Ex-Bewohner Porto Santos.

NOVEMBER

Festa da Castanha: Kastanienfest jedes Jahr am 1. November in Curral das Freiras.

DEZEMBER / JANUAR

Festas de Natal e fim do ano: Weihnachtsbeleuchtung 1. Dezember bis 26. Januar. Mitternächtliches Feuerwerkspektakel an Silvester in Funchal.

SPRACHFÜHRER

Im Portugiesischen gibt es zwei ganz charakteristische Laute: Da sind zuerst einmal die nasalen Vokale mit einer Tilde: Pão (Brot) beispielsweise wird stark nasaliert wie »pau« ausgesprochen; »s« und »z« werden am Silbenende als weiches »sch« gesprochen.

Immer zu gebrauchen

Ja / Nein	**Sim / Não**
Bitte	**Se faz favor**
Danke	**Obrigado** *(Mann)* / **obrigada** *(Frau)*
Keine Ursache	**De nada**
Gern geschehen	**Foi um prazer**
Hallo	**Olá /**
Auf Wiedersehen	**Adeus**
Herzlich willkommen	**Bem vindo / a**
Guten Morgen	**Bom dia**
Guten Abend/ Gute Nacht	**Boa noite**
Wie geht's?	**Como está?**
Danke, gut	**Bem, obrigado / a**
Verzeihung	**Perdão**
Entschuldigung, könnten Sie mir helfen?	**Desculpe, podia ajudar-me?**
Ich heiße...	**Chamo-me...**
Sprechen Sie Deutsch?	**Fala alemão?**
Ich verstehe nicht	**Não percebo**
Ich spreche kein Portugiesisch	**Não falo português**

Im Notfall

Hilfe!	**Socorro!**
Halt!	**Pare!**
Polizei!	**Polícia!**
Feuer!	**Fogo!**
Lassen Sie mich in Ruhe!	**Deixe-me em paz!**
Ich habe meine Geldbörse / meine Brieftasche verloren	**Perdi o meu porta-moedas / a minha carteira**
Man hat mir den Pass gestohlen	**Roubaram-me o passaporte**
Könnten Sie einen Arzt rufen?	**Podia chamar um médico depressa?**

Nach dem Weg fragen/Reise

Auto	**automóvel**
Bahnhof	**estação**
Bus	**autocarro**
Fahrkarte	**bilhete**
einfache Fahrt	**bilhete de ida**
Hin- u. Rückfahrkarte	**ida e volta**
Flughafen	**aeroporto**
geradeaus	**em frente**
hier / dort	**aqui / ali**

Kirche	**igreja**
Krankenhaus	**hospital**
links / rechts	**à esquerda / à direita**
Markt	**mercado**
Museum	**museu**
Platz	**praça**
Schiff	**barco**
Straße	**rua**
Taxistand	**praça de táxis**
Wie viele Kilometer sind es bis?	**Quantos quilómetros faltam ainda para chegar a…?**

Zahlen

0	**zero**
1	**um**
2	**dois**
3	**três**
4	**quatro**
5	**cinco**
6	**seis**
7	**sete**
8	**oito**
9	**nove**
10	**dez**
11	**onze**
12	**doze**
13	**treze**
14	**catorze**
15	**quinze**
16	**dezasseis**
17	**dezassete**
18	**dezoito**
19	**dezanove**
20	**vinte**
21	**vinte e um**
30	**trinta**
40	**quarenta**
50	**cinquenta**
60	**sessenta**
70	**setenta**
80	**oitenta**
90	**noventa**
100	**cem**
101	**cento e um**
500	**quinhentos**

Tage

Heute	**Hoje**
Morgen	**Amanhã**
Gestern	**Ontem**
Heute Abend	**Esta noite**
Gestern Abend	**Ontem à noite**
Morgens	**De manhã**
Nachmittags	**De tarde**
Später	**Logo / Mais tarde**
Diese Woche	**Esta semana**
Montag	**Segunda-feira**
Dienstag	**Terça-feira**
Mittwoch	**Quarta-feira**
Donnerstag	**Quinta-feira**
Freitag	**Sexta-feira**
Samstag	**Sábado**
Sonntag	**Domingo**

Geld

Bank	**banco**
Geldschein	**nota**
Kasse	**caixa**
Wechselgeld	**troco**
Scheck	**cheque**
Münze	**moeda**
Kreditkarte	**cartão de crédito**
Geldwechsel	**câmbio**
Wechselkurs	**câmbio**
ausländisch	**estrangeiro**
Post	**correio**
Postamt	**agência do correio**
Könnten Sie mir auch Kleingeld geben?	**Podia dar-me também dinheiro trocado, se faz favor?**

Übernachten

Gibt es…?	**Há…?**
Ich hätte gern ein Zimmer mit Meerblick	**Queria um quarto com vista para o mar**
Wo ist der Notausgang / Nottreppe?	**Onde fica a saída de emergência / escada de salvação?**
Ist das Frühstück dabei?	**Está incluído o pequeno almoço?**
Gibt es einen Zimmerservice?	**O hotel tem serviço de quarto?**
Ich habe reserviert	**Reservei um lugar**
Klimaanlage	**ar condicionado**
Balkon	**varanda**
Badezimmer	**casa de banho**
Zimmermädchen	**camareira**
heißes Wasser	**água quente**
Hotel	**hotel**
Schlüssel	**chave**

Lift	**elevador**
Nacht	**noite**
Zimmer	**quarto**
Zimmerservice	**serviço de quarto**
Dusche	**duche**
Telefon	**telefone**
Handtuch	**toalha**

Im Restaurant

Ich würde gern einen Tisch reservieren	**Gostaria reservar uma mesa**
Einen Tisch für zwei Personen, bitte	**Uma mesa para duas pessoas, se faz favor**
Könnten wir bitte eine Speisekarte haben?	**Poderia dar-nos a ementa, se faz favor**
Wo finde ich die Toilette?	**Onde fica a casa de banho, se faz favor?**
Was ist das?	**O que é isto?**
Eine Flasche…	**Uma garrafa de…**
Frühstück	**pequeno almoço**
Mittagessen	**almoço**
Abendessen	**jantar**
Rechnung	**conta**
Die Rechnung bitte	**A conta, se faz favor**
Speisekarte	**menu / ementa**
Tagesgericht	**prato do dia**
Tisch	**mesa**
Ober / Kellnerin	**empregado / empregada**

Speisekarte

Alkohol	**álcool**
Bier	**cerveja**
Brot	**pão**
Degenfisch	**espada**
Eintopf	**caldeirada**
Fleisch	**carne**
Fisch	**peixe**
Geflügel	**aves**
Gemüse	**legumes**
Kaffee mit Milch	**chinesa**
Kaffee (schwarz)	**bica**
Kartoffeln	**batadas**
Käse	**queijo**
Meeresfrüchte	**mariscos**
Milch	**leite**
Mineralwasser	**água**
mit / ohne Kohlensäure	**sem / com gás**
Pfeffer	**pimenta**
Salz	**sal**
Suppen	**sopas**
Tee	**chá**
Wein	**vinho**
Rotwein	**vinho tinto**
Weißwein	**vinho branco**
Wild	**caça**

Einkaufen

Geschäft	**loja**
Wo bekomme ich…?	**Em que loja posso arranjar…?**
Könnten Sie mir helfen?	**Pode atender-me?**
Ich suche nach…	**Estou a procura de…**
Ich hätte gern…	**Queria…**
Ich möchte mich nur umsehen	**Só estou a ver**
Wie viel kostet?	**Quanto custa?**
Das ist zu teuer	**Acho demasiado caro**
Ich nehme dieses / diese	**Levo este / estes**
größer	**maior**
kleiner	**mais pequeno**
offen / geschlossen	**aberto / fechado**
Haben Sie einen Beutel?	**Tem um saco?**

Reiseatlas

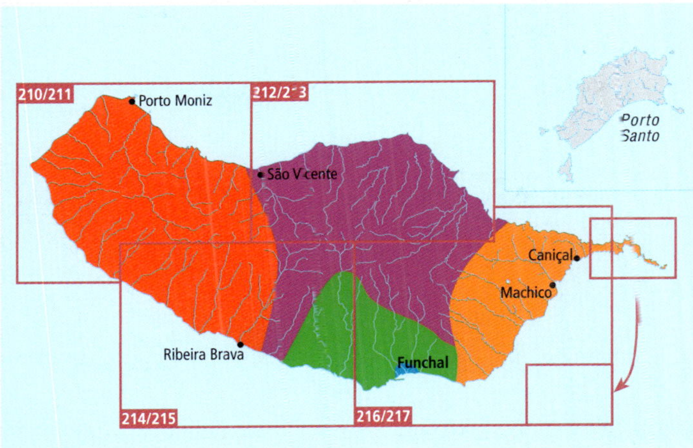

Legende

- Schnellstraße
- ER 101 Hauptstraße mit Nummer
- Verbindungsstraße
- Nebenstraße
- Straße für Kfz gesperrt
- Wanderweg; Wanderpfad
- Fahrweg; Fußweg
- Straße in Bau / in Planung
- Levada (Wasserkanal)
- Fähre
- Flughafen; Museum
- Badestrand
- Kirche, Kapelle
- Sehenswürdigkeit
- Burg; Burgruine
- Wasserfall
- Berghütte bewirtschaftet, unbewirtschaftet
- Aussichtspunkt; Campingplatz
- Parkplatz; Golfplatz
- Berggipfel; Höhenpunkt; Pass

- 2 ★★ TOP 10
- 11 Nicht verpassen!
- 12 Nach Lust und Laune!

1 : 100 000

0 — 2,5 — 5 km

0 — 1,5 — 3 mi

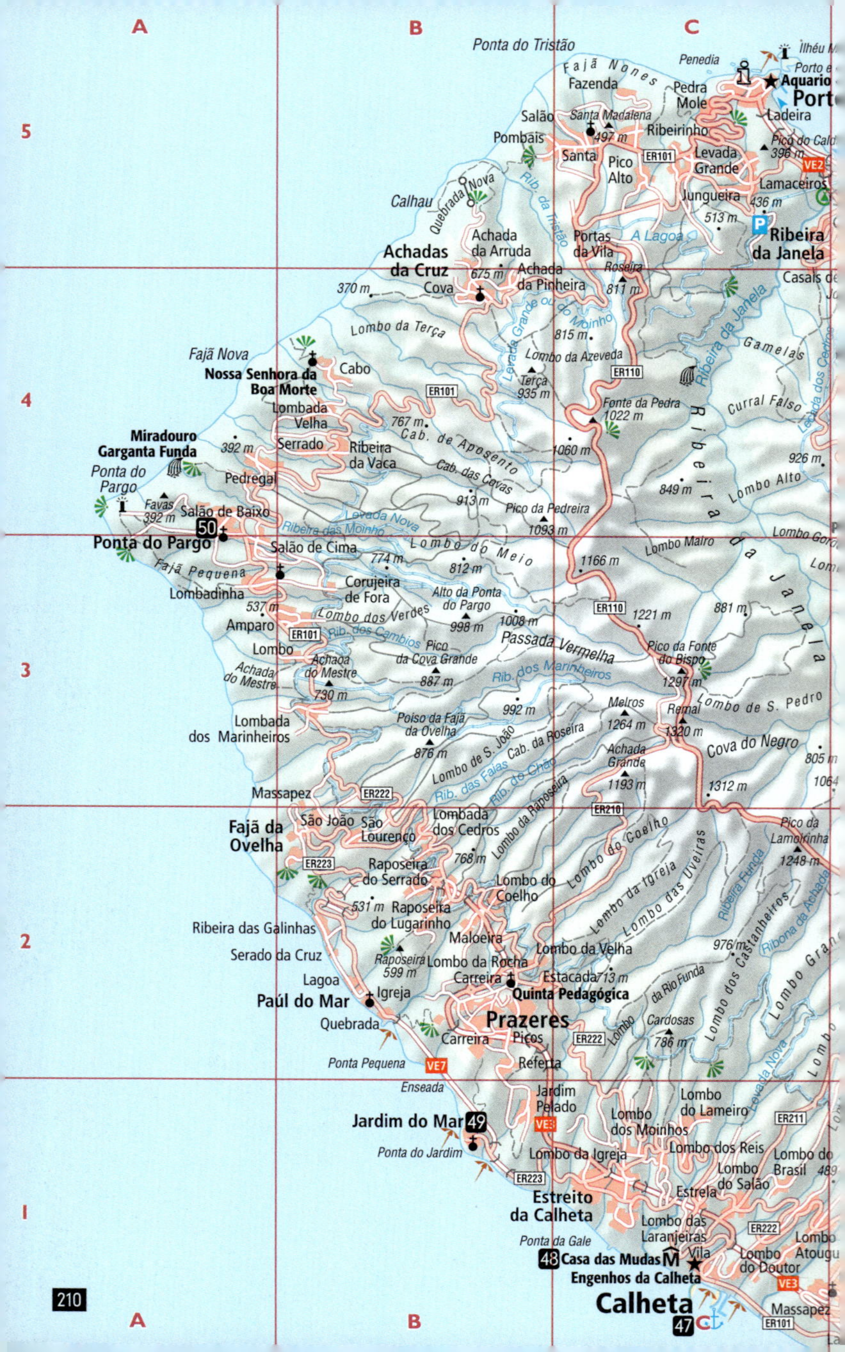
A
B
C
5
4
3
2
1
Ponta do Tristão
Penedia
Ilhéu
Porto
Aquario
Port
Fajã Nones
Fazenda
Pedra Mole
Salão
Santa Madalena
497 m
Ribeirinho
Ladeira
Pombais
Santa
Pico Alto
ER101
Levada Grande
Pico do Cald
396 m
VE2
Lamaceiros
Calhau
Quebrada Nova
Rib. da Tristão
Jungueira
436 m
513 m
Ribeira da Janela
Achada da Arruda
Achadas da Cruz
Portas da Vila
A Lagoa
Roseira
811 m
675 m
Achada da Pinheira
Casais de
370 m
Cova
Levada Grande ou do Moinho
Lombo da Terça
815 m
Ribeira da Janela
Gamelas
Fajã Nova
Cabo
Nossa Senhora da Boa Morte
Lombo da Azeveda
ER110
Terça
935 m
ER101
Fonte da Pedra
1022 m
Curral Falso
Lombada Velha
Miradouro Garganta Funda
767 m
Cab. de Aposento
392 m
Serrado
Ribeira da Vaca
1060 m
926 m
Ponta do Pargo
Pedregal
Cab. das Cevas
849 m
Lombo Alto
Favas
392 m
Salão de Baixo
913 m
Pico da Pedreira
1093 m
Levada Nova
Ribeira das Moinho
50
Ponta do Pargo
Salão de Cima
Lombo do Meio
Lombo Mairo
Lombo Gord
Fajã Pequena
774 m
812 m
1166 m
Lombadinha
Corujeira de Fora
Alto da Ponta do Pargo
537 m
Lombo dos Verdes
ER110
1221 m
881 m
Amparo
998 m
1008 m
ER101
Rib. dos Cambios
Passada Vermelha
Lombo
Pico da Cova Grande
Pico da Fonte do Bispo
Achada do Mestre
Achada do Mestre
887 m
Rib. dos Marinheiros
1297 m
730 m
Lombo de S. Pedro
Melros
992 m
Lombada dos Marinheiros
Poiso da Fajã da Ovelha
1264 m
Ramal
1320 m
Cab. da Roseira
Cova do Negro
876 m
Lombo de S. João
Achada Grande
805 m
Rib. das Faias
Rib. do Chão
1193 m
1064
Massapez
ER222
1312 m
Lombo da Raposeira
ER210
Fajã da Ovelha
São João
São Lourenço
Lombada dos Cedros
Pico da Lamoirinha
Lombo do Coelho
1248 m
ER223
768 m
Raposeira do Serrado
Ribeira Funda
Lombo da Igreja
Lombo das Uveiras
Ribona da Achada
531 m
Raposeira do Lugarinho
Lombo do Coelho
Lombo dos Castanheiros
Ribeira das Galinhas
Maloeira
976 m
Serado da Cruz
Raposeira
599 m
Lombo da Rocha
Lombo da Velha
Lombo Gran
Lagoa
Carreira
Estacada
713 m
da Rio Funda
Paúl do Mar
Igreja
Quinta Pedagógica
Quebrada
Prazeres
Cardosas
786 m
Carreira
Picos
ER222
Lombo
Ponta Pequena
VE7
Referta
Levada Nova
Enseada
Jardim Pelado
Lombo
Lombo do Lameiro
Jardim do Mar
49
VE3
Lombo dos Moinhos
ER211
Ponta do Jardim
Lombo da Igreja
Lombo dos Reis
Lombo do Brasil
489
Lombo do Salão
ER223
Estrela
Estreito da Calheta
Lombo das Laranjeiras
ER222
Lombo Atougu
Ponta da Gale
48
Casa das Mudas
Vila
Lombo do Doutor
Engenhos da Calheta
VE3
Calheta
47
Massapez
ER101
A
B

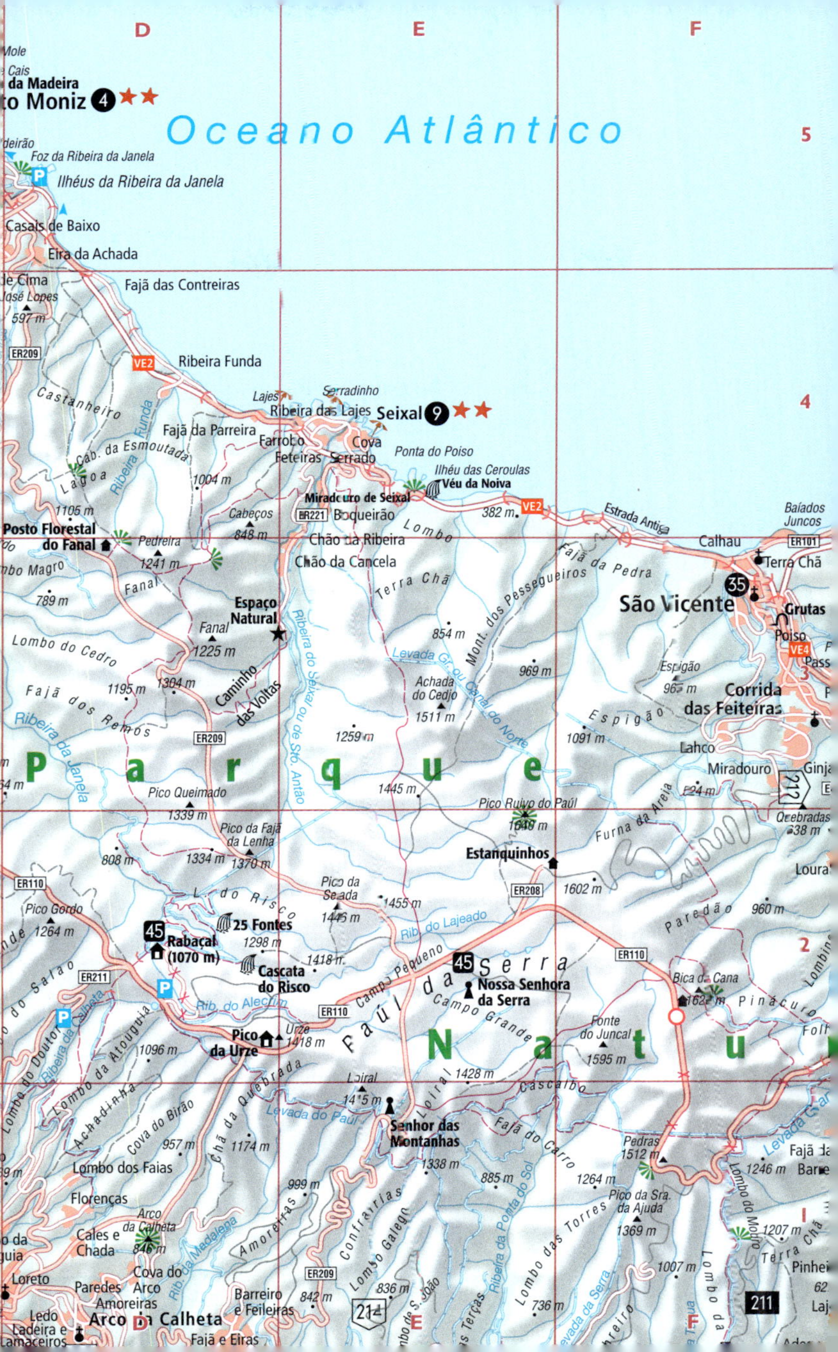

D
E
F
Mole
Cais
da Madeira
to Moniz 4
Oceano Atlântico
5
Foz da Ribeira da Janela
Ilhéus da Ribeira da Janela
Casais de Baixo
Eira da Achada
Fajã das Contreiras
José Lopes
597 m
ER209
VE2
Ribeira Funda
Castanheiro
Lajes
Serradinho
Ribeira das Lajes
Seixal 9
4
Fajã da Parreira
Farrobo
Cova
Feteiras
Serrado
Ponta do Poiso
Cab. da Esmoutada
Ribeira Funda
Lagoa
1004 m
Ilhéu das Ceroulas
Véu da Noiva
Miradouro de Seixal
1105 m
Cabeços
848 m
ER221
Boqueirão
382 m
Estrada Antiga
Baíados
Juncos
Posto Florestal
do Fanal
Pedreira
1241 m
Chão da Ribeira
Chão da Cancela
Lombo
Calhau
ER101
Terra Chã
Fajã da Pedra
Mont. dos Pessegueiros
Terra Chã
35
São Vicente
Grutas
Poiso
VE4
Fanal
789 m
Espaço
Natural
Fanal
1225 m
854 m
Lombo do Cedro
Levada Gr. ou Canal do Norte
969 m
Espigão
Ribeira do Seixal ou de Sto. Antão
Fajã dos Remos
1195 m
1304 m
Caminho
das Voltas
Achada
do Cedjo
1511 m
Corrida
das Feiteiras
Espigão
1091 m
Ribeira da Janela
ER209
1259 m
Lanco
Miradouro
Parque
1445 m
Pico Queimado
1339 m
Pico Ruivo do Paúl
1640 m
Furna da Areia
Quebradas
Pico da Fajã
da Lenha
808 m
1334 m
1370 m
Estanquinhos
1602 m
Loural
ER110
L. do Risco
Pico da
Selada
1455 m
1445 m
ER208
Paredão
960 m
Pico Gordo
1264 m
25 Fontes
Rib. do Lajeado
45
Rabaçal
(1070 m)
1298 m
ER110
2
1418 m
Cascata
do Risco
Campo Pequeno
45
Serra
Bica da Cana
ER211
Nossa Senhora
da Serra
Rib. do Alecrim
Paúl da
Campo Grande
Pináculo
ER110
Fonte
do Juncal
Pico
da Urze
Urze
1418 m
1096 m
Natu
Lombo do Doutor
Ribeira da Calheta
Lombo da Atouguia
1595 m
Loiral
1428 m
Cascalho
Achadinha
Cova do Birão
Chã da Quebrada
1415 m
Levada do Paúl
Senhor das
Montanhas
Fajã do Carro
Pedras
1512 m
957 m
1174 m
1338 m
Lombo dos Faias
999 m
885 m
1264 m
Lombo do Mouro
1246 m
Florenças
Pico da Sra.
da Ajuda
Arco
da Calheta
Cales e
Chada
846 m
Rib. da Madalena
Amoreiras
Confrarias
Lombo Galego
Ribeira da Ponta do Sol
Lombo das Torres
1369 m
1207 m
Terra Chã
Loreto
Cova do
Arco
ER209
1007 m
Pinheiro
Paredes
Amoreiras
Barreiro
e Feileiras
842 m
836 m
Lombo de S. João
736 m
Levada da Serra
Ledo
Ladeira e
Lamaceiros
Arco da Calheta
Fajã e Eiras
214
Terças

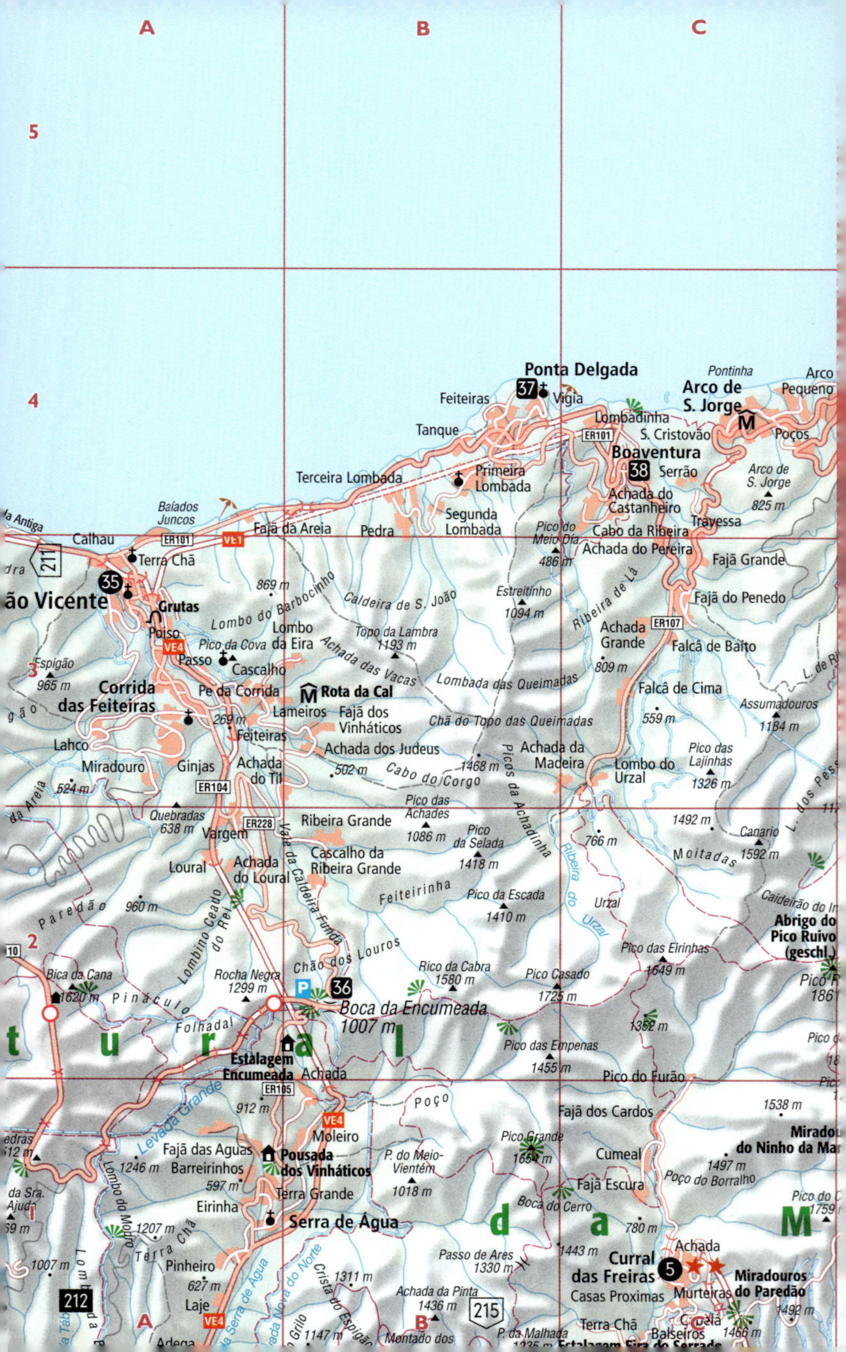

A
B
C
5
4
3
2
Ponta Delgada
37
Vigia
Feiteiras
Tanque
Pontinha
Arco de S. Jorge
Arco
Pequeno
Lombadinha
S. Cristovão
Poços
ER101
Boaventura
38
Serrão
Arco de S. Jorge
825 m
Terceira Lombada
Primeira Lombada
Segunda Lombada
Achada do Castanheiro
Travessa
Baíados
Juncos
Calhau
Fajã da Areia
Pedra
VE1
Pico do Meio Dia
486 m
Cabo da Ribeira
Achada do Pereira
Fajã Grande
211
Terra Chã
35
São Vicente
Grutas
869 m
Lombo do Barbocinho
Caldeira de S. João
Estreitinho
1094 m
Ribeira de Lá
Fajã do Penedo
ER107
Poiso
VE4
Lombo da Eira
Topo da Lambra
1193 m
Achada Grande
Falcã de Baixo
Espigão
965 m
Pico da Cova
Passo
Cascalho
Achada das Vacas
Lombada das Queimadas
809 m
Corrida das Feiteiras
Pe da Corrida
Rota da Cal
Falcã de Cima
L. de Ri
Lameiros
Fajã dos Vinháticos
Chã do Topo das Queimadas
559 m
Assumadouros
1184 m
269 m
Feiteiras
Lahco
Achada dos Judeus
Achada da Madeira
Pico das Lajinhas
Miradouro
Ginjas
Achada do Til
502 m
Cabo do Corgo
1468 m
Picos da Achadinha
Lombo do Urzal
1326 m
524 m
ER104
Quebradas
638 m
ER228
Vargem
Ribeira Grande
Pico das Achades
1086 m
Pico da Selada
1418 m
766 m
1492 m
Canario
1592 m
L. dos Pes
Loural
Achada do Loural
Vale da Caldeira Funda
Cascalho da Ribeira Grande
Ribeira do Urzal
Moitadas
Paredão
960 m
Feiteirinha
Pico da Escada
1410 m
Urzal
Caideirão do In
Abrigo do Pico Ruivo (geschl.)
Lombino Ceado do Rei
Chão dos Louros
Pico das Eirinhas
1649 m
Bica da Cana
1620 m
Rocha Negra
1299 m
36
Rico da Cabra
1580 m
Pico Casado
1725 m
Pináculo
Boca da Encumeada
1007 m
Folhadal
1352 m
Estalagem Encumeada
Achada
Pico das Empenas
1455 m
ER105
Pico do Furão
912 m
Poço
Levada Grande
VE4
Fajã dos Cardos
1538 m
Moleiro
Pico Grande
1654 m
Fajã das Aguas
Pousada dos Vinháticos
P. do Meio-Vientém
1018 m
Cumeal
Mirado do Ninho da Ma
1246 m
Barreirinhos
597 m
1497 m
Poço do Borralho
Terra Grande
Fajã Escura
Eirinha
Boca do Cerro
Pico do C
1759 m
Lombo do Mouro
1207 m
Serra de Água
780 m
Terra Chã
1443 m
Achada
Passo de Ares
1330 m
Curral das Freiras
5
Miradouros do Paredão
1007 m
Pinheiro
1311 m
Achada da Pinta
1436 m
215
Casas Proximas
Murteiras
1492 m
212
627 m
Laje
Crista do Espigão
Terra Chã
Balseiros
1466 m
VE4
Ribeira da Serra de Água
Levada Nova do Norte
Grilo
1147 m
Montado dos
P. da Malhada
Adega

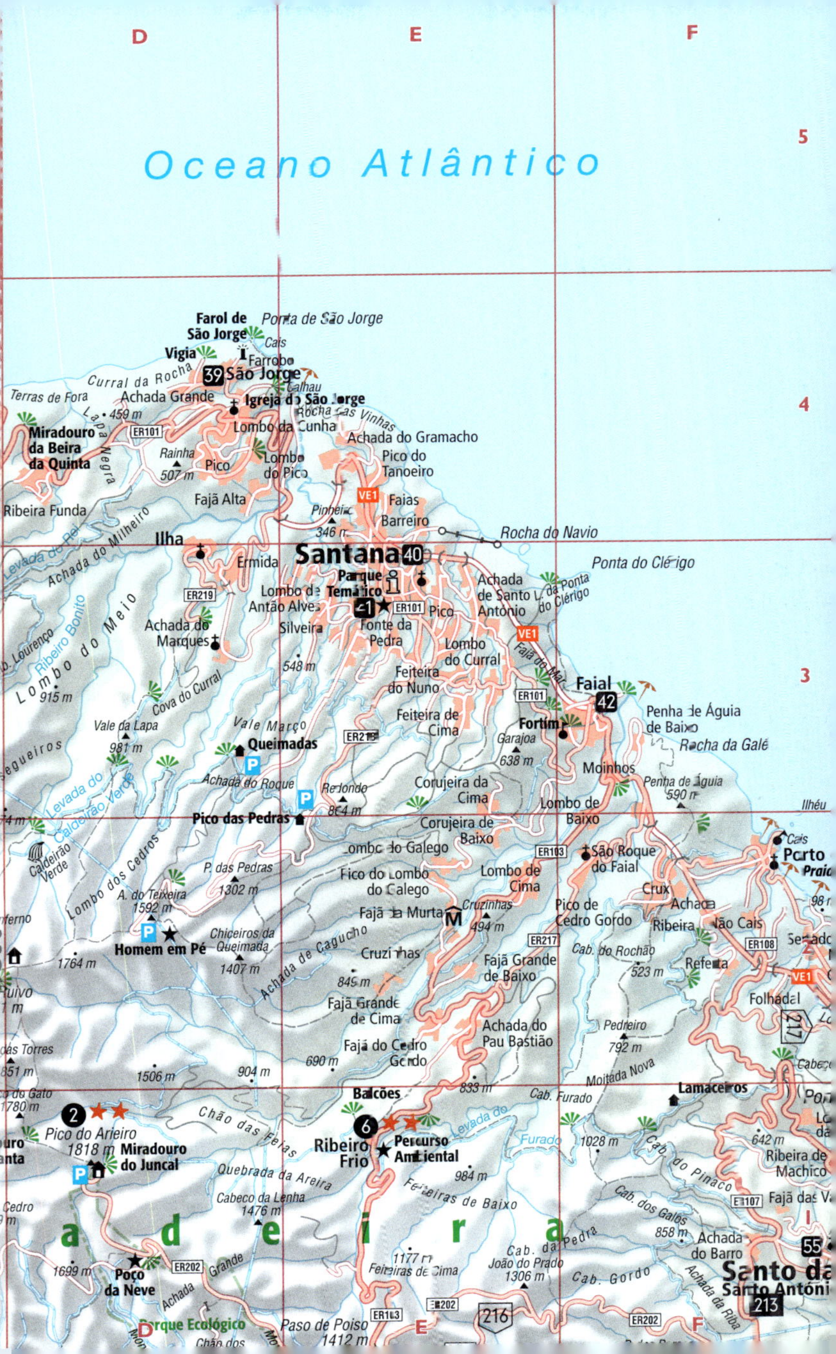

D
E
F
5
4
3
2
Oceano Atlântico
Farol de São Jorge
Ponta de São Jorge
Cais
Vigia
Farrobo
39 São Jorge
Calhau
Curral da Rocha
Terras de Fora
Achada Grande
Igreja do São Jorge
Rocha das Vinhas
Lapa Negra
459 m
Miradouro da Beira da Quinta
ER101
Lombo da Cunha
Achada do Gramacho
Rainha
507 m
Pico
Lombo do Pico
Pico do Tanoeiro
VE1
Faias
Barreiro
Fajã Alta
Ribeira Funda
Pinheiro
346 m
Rocha do Navio
Ilha
Levada do Rei
Achada do Milheiro
Ermida
Santana 40
Ponta do Clérigo
Parque Temático
Achada de Santo António
L. da Ponta do Clérigo
Lombo de Antão Alves
ER219
41
ER101
Pico
Silveira
Fonte da Pedra
Achada do Marques
VE1
Lombo do Curral
Fajã do Mar
Ribeiro Bonito
Lombo do Meio
548 m
Feiteira do Nuno
ER101
Faial
42
915 m
Cova do Curral
Penha de Águia de Baixo
Vale da Lapa
Vale Março
Feiteira de Cima
Fortim
Garajoa
Rocha da Galé
981 m
Queimadas
ER218
638 m
Moinhos
Achada do Roque
Redondo
Corujeira da Cima
Penha de Águia
590 m
Levada do Caldeirão Verde
864 m
Lombo de Baixo
Ilhéu
Pico das Pedras
Corujeira de Baixo
Cais
Caldeirão Verde
Lombo dos Cedros
Lombo do Galego
ER103
São Roque do Faial
Porto
P. das Pedras
1302 m
Pico do Lombo do Galego
Lombo de Cima
Crux
A. do Teixeira
1592 m
Fajã da Murta
Cruzinhas
494 m
Pico de Cedro Gordo
Achada
Ribeira
Chiceiros da Queimada
Achada de Cagucho
ER217
ER108
Homem em Pé
1764 m
1407 m
Cruzinhas
Cab. do Rochão
523 m
Fajã Grande de Baixo
Refeita
VE1
849 m
Fajã Grande de Cima
Folhadal
Pedreiro
792 m
Achada do Pau Bastião
217
das Torres
1851 m
Fajã do Cedro Gordo
690 m
Moitada Nova
1506 m
904 m
833 m
Lamaceiros
1780 m
Balcões
Cab. Furado
2
Pico do Arieiro
Chão das Feiteiras
6
Levada do Furado
1818 m
Miradouro do Juncal
Ribeiro Frio
Percurso Ambiental
1028 m
642 m
Cab. do Pinaco
Ribeira de Machico
984 m
Quebrada da Areira
Feiteiras de Baixo
Cab. dos Galos
ER107
Fajã das Vacas
Cabeço da Lenha
1476 m
858 m
Achada do Barro
55
a d e i r a
1699 m
Poço da Neve
ER202
Achada Grande
1177 m
Feiteiras de Cima
Cab. da Pedra
João do Prado
1306 m
Cab. Gordo
Achada da Riba
Santo da Serra
Santo António
213
ER202
216
ER103
Parque Ecológico
Paso de Poiso
1412 m
ER202

Pico da Lamacinha
1248 m
ER110
Pico Gordo
1264 m
976 m
Lombo Grande
Lombo do Salão
Lombo dos Castanheiros
Ribeira Funda
Ribona da Achada
210
Rio Funda
ER211
Lombo do Doutor
Ribeira da Calheta
Lombo da Atouguia
1339 m
Pico da Fajã da Lenha
808 m
1334 m
1370 m
211
L. do Risco
45
Rabaçal (1070 m)
25 Fontes
1298 m
Cascata do Risco
1418 m
Rib. do Alecrim
Pico da Urze
Urze 1418 m
ER110
Pico da Selada
1446 m
1455 m
Rib. do Lajeado
Estanquinhos
ER208
1602 m
Furna da
Paúl da Serra
Nossa Senhora da Serra
Campo Pequeno
Campo Grande
Fonte do Juncal
1595 m
N a t
1096 m
Lombo do Lameiro
Levada Nova
ER211
Lombo dos Reis
Lombo do Brasil
Lombo do Salão
489 m
Estrela
Lombo das Lanjeiras
Vila
Calheta
47
Achadinha
Cova do Birão
957 m
Chã da Quebrada
1174 m
Levada do Paul
Loiral
1415 m
1428 m
Senhor das Montanhas
Cascalbo
Fajã do Carro
Pedras
1512 m
Lombo dos Faias
Florenças
Arco da Calheta
846 m
Cales e Chada
ER222
Lombo da Atouguia
Lombo do Doutor
VE3
Loreto
Massapez
ER101
Rib. da Madalena
Amoreiras
999 m
Confrairias
Lombo Galego
1338 m
885 m
1264 m
Pico da Sr. da Ajuda
1369 m
Lombo das Torres
Ribeira da Ponta do Sol
Paredes
Cova do Arco
Amoreiras
Ledo
Ladeira e Lamaceiros
ER225
Arco da Calheta
Barreiro e Feileiras
842 m
ER209
836 m
Lombo de S. João
736 m
Levada da Serra
Vale Zimbreiro
Fajã e Eiras
Carvalhal e Carreira
Pico do Facho
ER222
Achada e Levada do Poiso
Lombo das Terças
Ribeira da Tábua
Banda d'Além
Salões 479 m
Salões
Madalena do Mar
VE3
Levada da Madalena
Lombo das Canhas
688 m
Vale e Cova do Pico
Lombo do Outeiro
Passo
Outeiro
Canhas
Salão
Lombo da Piedade
Voltinhas
Rib. da Ponta do Sol
Jangão
Ribeira da Caixa
Levada Nova
Levada Nova
Cais
Anjos
303 m
Lombada
Corujeira
Livramento
ER222
Candelária
Apresentação
46
Ponta do Sol
Cais
VE3
Tabua
Lugar de Baixo
Praia
Ribeira Brava
44
Museu Etnográfico da Madeira
Cais
Oceano Atlântico
5
4
3
2
1
A
B
C

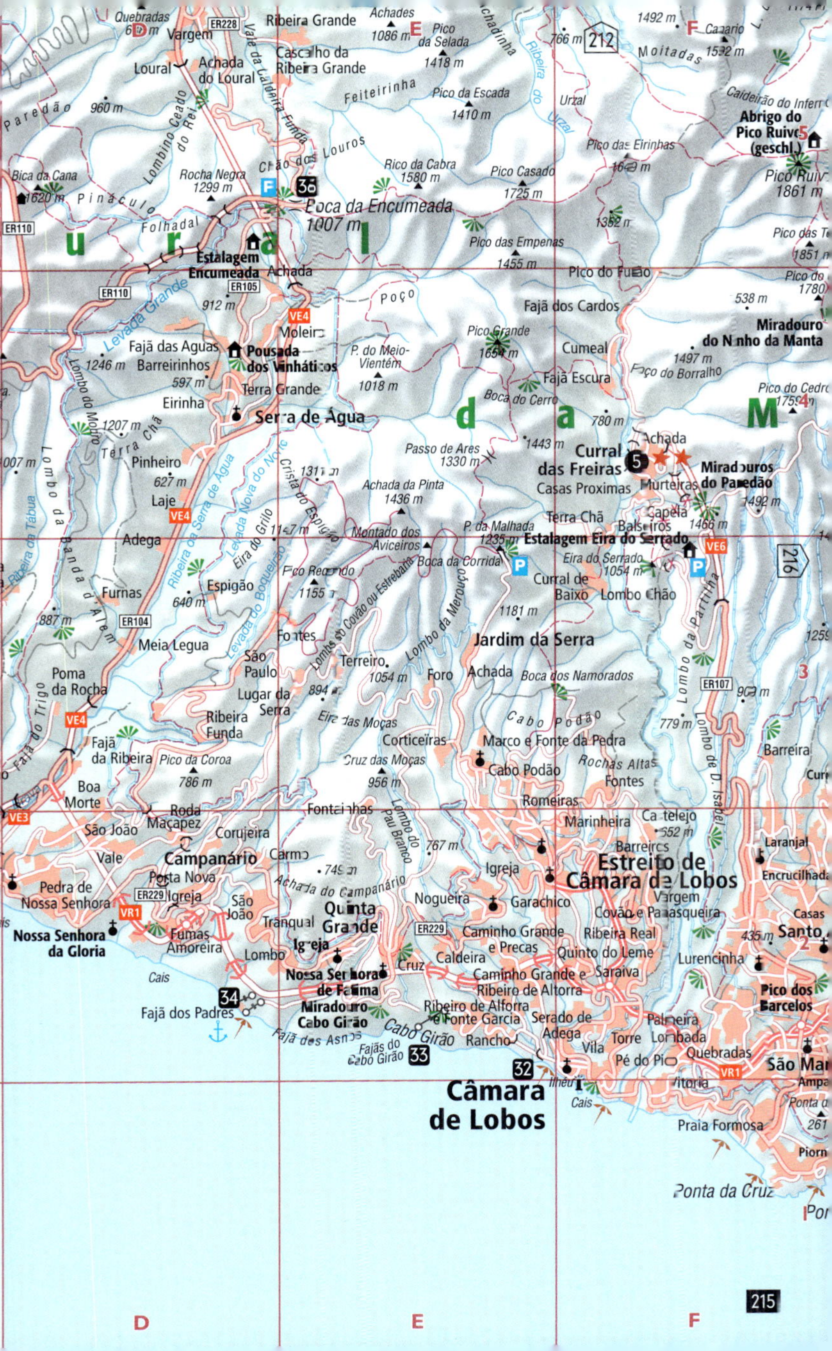

Quebradas
Vargem
ER228
Ribeira Grande
Achades
1086 m
Pico da Selada
1418 m
Cascalho da Ribeira Grande
Loural
Achada do Loural
Vale da Caldeira Funda
Feiteirinha
Pico da Escada
1410 m
Ribeira do Urzal
Urzal
766 m
212
1492 m
Caramujo
1532 m
Moitadas
Caldeirão do Inferno
Abrigo do Pico Ruivo (geschl.)
Paredão
960 m
Lombino Ceado do Rei
Chão dos Louros
Rico da Cabra
1580 m
Pico Casado
1725 m
Pico das Eirinhas
Pico Ruivo
1861 m
Bica da Cana
1620 m
Rocha Negra
1299 m
Pináculo
36
Boca da Encumeada
1007 m
ER110
Folhadal
Estalagem Encumeada
Achada
ER105
1352 m
Pico das Empenas
1455 m
Pico do Fumo
Pico das Torres
1851 m
Pico do Arieiro
1780 m
Levada Grande
912 m
VE4
Moleiro
Poço
Fajã dos Cardos
538 m
Miradouro do Ninho da Manta
Fajã das Aguas
1246 m
Barreirinhos
Pousada dos Vinháticos
P. do Meio-Vientém
1018 m
Pico Grande
1654 m
Cumeal
1497 m
Poço do Borralho
597 m
Terra Grande
Fajã Escura
Boca do Cerro
Pico do Cedro
Eirinha
Serra de Água
Lombo do Mouro
1207 m
Terra Chã
780 m
Achada
Pinheiro
Passo de Ares
1330 m
1443 m
Curral das Freiras
5
Miradouros do Paredão
1007 m
Lombo da Banda d'Além
Levada Nova do Norte
Crista do Espigão
1311 m
627 m
Achada da Pinta
1436 m
Casas Proximas
Murteiras
1492 m
Laje
Ribeira da Serra de Agua
Terra Chã
Capela
Adega
Eira do Grilo
1147 m
Montado dos Aviceiros
P. da Malhada
1235 m
Estalagem Eira do Serrado
1466 m
Balseiros
VE6
Ribeira da Tábua
Furnas
Espigão
640 m
Levada do Boqueirão
Pico Redondo
1155 m
Boca da Corrida
Eira do Serrado
1054 m
216
Curral de Baixo
Lombo Chão
887 m
ER104
Lombo do Covão ou Estrebaria
Lombo da Merouço
1181 m
Jardim da Serra
Lombo da Partilha
Meia Legua
Fontes
Poma da Rocha
São Paulo
Terreiro
1054 m
Foro
Achada
Boca dos Namorados
ER107
Fajã do Trigo
Lugar da Serra
894 m
909 m
VE4
Ribeira Funda
Eira das Moças
Cabo Podão
779 m
Lombo de D. Isabel
Fajã da Ribeira
Corticeiras
Marco e Fonte da Pedra
Barreira
Pico da Coroa
786 m
Cruz das Moças
956 m
Cabo Podão
Rochas Altas
Fontes
Boa Morte
Romeiras
VE3
São João
Roda
Maçapez
Fontainhas
Lombo do Pau Branco
Marinheira
Castelejo
652 m
Corujeira
767 m
Barreiros
Laranjal
Vale
Campanário
Carmo
Igreja
Estreito de Câmara de Lobos
Encruzilhada
Porta Nova
749 m
Achada do Campanário
Vargem
Pedra de Nossa Senhora
ER229
Igreja
São João
Nogueira
Garachico
Covão e Panasqueira
VR1
Quinta Grande
ER229
Caminho Grande e Precas
Ribeira Real
435 m
Santo
Nossa Senhora da Gloria
Fumas
Tranqual
Igreja
Quinto do Leme
Amoreira
Lombo
Caldeira
Lurencinha
Cais
Nossa Senhora de Fatima
Cruz
Caminho Grande e Ribeiro de Altorra
Saraiva
Pico dos Barcelos
34
Miradouro Cabo Girão
Ribeiro de Alforra e Fonte Garcia
Serado de Adega
Palmeira
Fajã dos Padres
Fajã dos Asnos
Cabo Girão
Rancho
Torre
Lombada
Vila
Fajãs do Cabo Girão
33
Pé do Pico
Quebradas
32
Ilhéu
VR1
São Martinho
Câmara de Lobos
Cais
Vitoria
Praia Formosa
Ponta da Cruz
D
E
F

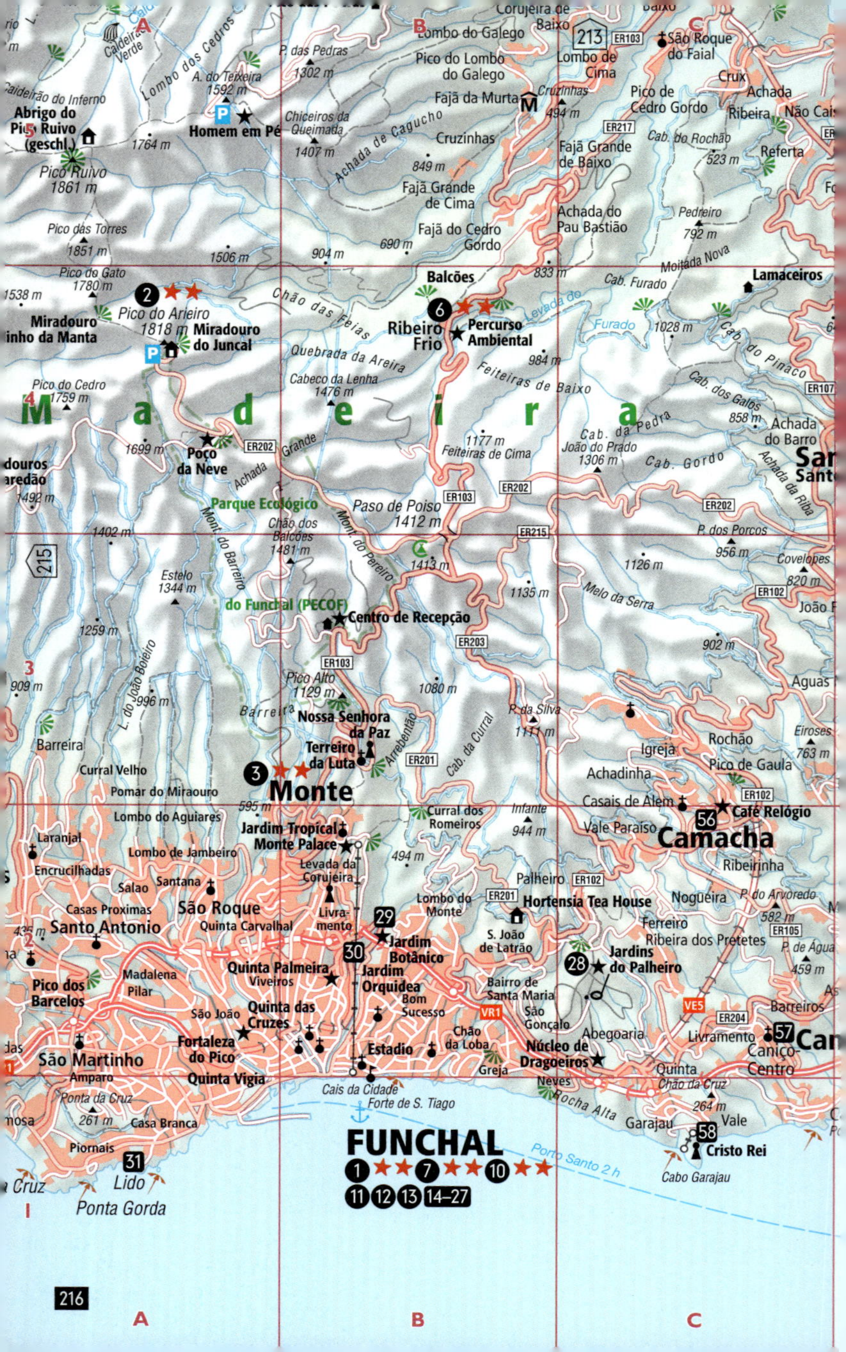
Madeira
Abrigo do Pico Ruivo (geschl.)
Pico Ruivo 1861 m
Pico das Torres 1851 m
Homem em Pé
A. do Teixeira 1592 m
P. das Pedras 1302 m
Chiceiros da Queimada 1407 m
Lombo do Galego
Pico do Lombo do Galego
Fajã da Murta
Cruzinhas
Fajã Grande de Cima
Fajã do Cedro Gordo
Lombo de Cima
São Roque do Faial
Pico de Cedro Gordo
Fajã Grande de Baixo
Achada do Pau Bastião
Lamaceiros
Balcões
Ribeiro Frio
Percurso Ambiental
Pico do Gato 1780 m
Pico do Arieiro 1818 m
Miradouro do Juncal
Pico do Cedro 1759 m
Poço da Neve
Parque Ecológico do Funchal (PECOF)
Chão dos Balcões 1481 m
Paso de Poiso 1412 m
Centro de Recepção
Cabeco da Lenha 1476 m
Feiteiras de Cima
Feiteiras de Baixo
João do Prado 1306 m
Achada do Barro
Melo da Serra
Estelo 1344 m
Pico Alto 1129 m
Nossa Senhora da Paz
Terreiro da Luta
Monte
Curral Velho
Pomar do Miraouro
Lombo do Aguiares
Lombo de Jambeiro
Jardim Tropical Monte Palace
Curral dos Romeiros
Igreja
Achadinha
Casais de Alem
Café Relógio
Camacha
Vale Paraíso
Ribeirinha
Hortensia Tea House
Laranjal
Encrucilhadas
Salao
Santana
São Roque
Casas Proximas
Santo Antonio
Quinta Carvalhal
Livramento
Jardim Botânico
Jardim Orquidea
Quinta Palmeira
Viveiros
Madalena
Pilar
Pico dos Barcelos
Quinta das Cruzes
São João
Fortaleza do Pico
Quinta Vigia
São Martinho
Amparo
Bom Sucesso
Estadio
Chão da Loba
Núcleo de Dragoeiros
Jardins do Palheiro
Bairro de Santa Maria
São Gonçalo
Abegoaria
Livramento
Caniço-Centro
Cais da Cidade
Forte de S. Tiago
FUNCHAL
Garajau
Cristo Rei
Cabo Garajau
Ponta Gorda
Lido
Piornais
Casa Branca
Porto Santo 2 h

D
E
F
5
4
3
2
1
Porto da Cruz 43
Cais
Praia da Maiata
98 m
Larano
Espigão Amarelo
Serrado
Maiata
Cova das Pedras
Cruz da Guarda
VE1
ER108
Folhadal
L a r a n o
P. da Coroa
738 m
709 m
Lombo do Cura
Furduras
Casa das Funduras
Cabeço do Coral
669 m
Boca do Risco
R. da Pena Branca
527 m
Pico das Roçadas
379 m
Corrego Curralinho
Silveira
Ponta do Bode
Calhau dos Barreiros
Ponta do Rosto
Inset
Babosinhos
159 m
Rochinha
Palmeira
Cova Grande
Castanho
589 m
F e i r e i r a s
VR1
ER109
P
54
Prainha
Marina Quinta do Lorde
51
Caniçal
Pedra da Eira
Praia Ribeira do Natal
Portela
Fajã dos Rolos
Lombo das Fajas
642 m
Ribeira de Machico
Madeira da Igreja
Maroços
382 m
Ribeira Seca
VE
Lanceiros
Poço do Gil
Vale do Meio
Fajã das Vacas
ER108
ER238
Caramanchão
Paraiso
Pico do Facho
322 m
Torre
Graça
Fiquinha
Rocha Alta
476 m
55
Quinta do Santo
Santo da Serra
Santo António da Serra
ER239
Capela dos Cardais
752 m
Cais
8
Machico
ER207
Queimada
Queimado
142 m
Marco do Poiso
Ribeiro João Gonçalves
Igreja
ER237
468 m
552 m
Ponta Queimada
VR1
Frino
Achada do Moreno
Bemposta
Terça
Torre
Agua de Pena
Ribeira do Eixo
Cab. das Pedras
Janeiro
Aeroporto Internacional da Madeira Cristiano Ronaldo
Mansas
ER207
Fonte de Almoncreves
Aquaparque
52
Terça de Baixo
Rego
53
Santa Cruz
Terra Velha
336 m
São Pedro
ER206
Gaula
Palmeira
Povo
São João
Achada de Gaula
Levadas
VR1
Moinhos
Fazenda
Lajes
Cab. dos Moinhos
Tandeira
Assomada
Caniço
Ponta da Atalaia
Portinho
Reis Magos
Caniço de Baixo
Ponta da Oliveira
Ponta do Bode
Calhau dos Barreiros
Ponta do Rosto
Pedra Furada
Miradouro do Rosto
Estreito
Babosinhos
159 m
Palmeira
Rochinha
P o n t a
54
d e S ã o L o u r e n ç o
Baía da Abra
Casa do Sardinha, Centro de Recepção
P
Prainha
ER109
Ponta do Buraco
Ilhéu de Agostinho
Marina Quinta do Lorde
51
Caniçal
Ponta do Furado
Desembarcadouro
Ilhéu do Farol
S. Lourenço (Pilar)
Ponta das Gaivotas
Cais

Funchal
200 m
200 yd
Oceano Atlântico
15 Fortaleza do Pico
7 Quinta das Cruzes
14 Universo de Memórias
SÃO PEDRO
16 Convento de Santa Clara
São Pedro Igreja
11 Casa Museu Frederico de Freitas
17 Museu de História Natural
Museu do Instituto do Vinho da Madeira
Universidade
19 Igreja do Colégio
Praça do Município
12 Museu de Arte Sacra
ZONA DO CARMO
Praça do Carmo
20 Museu Henrique e Francisco Franco
21 Núcleo Museológico do IVBAM
Teleféricos da Madeira
13 Mercado dos Lavradores
ZONA VELHA
1
23 Madeira Story Centre
22 Museu de Electricidade Casa da Luz
Praça da Autonomia
25 Museu A Cidade do Açucar
24 Sé
BAIXA
Banco de Portugal
10 Blandy's Wine Lodge
Jardim Municipal
Palacio de São Lourenço
Galerias São Lourenço
La Vie Shopping Center
Praça do Infante
Cais das Cidade
Parque de Santa Catarina
26
27 Quinta Vigia
Casino da Madeira
18 Museu CR7
Rua 31 de Janeiro
Rua 5 de Outubro
Rua Dr. Fernão Ornelas
Ribeira de Santa Luzia
Ribeira de João Gomes
Rua do Visconde de Anadia
Rua Brigadeiro Oudinot
Avenida Santiago M
Rua Dr. Ma
Pestana Jur
Rua da Rochinha
Rua da Infancia
Rua Conselheiro Aires de Ornelas
Rua Hospital Velho
Rua Bela de S
Rua Latino Coelho
Rua da Boa Viagem
Rua Barreiros
Rua de Santa Maria
Rua Dom Carlos I.
Rua de João de Deus
Travessa do Rego
Rua do Carmo
Rua Ribeirinho de Baixo
Rua das Hortas
Rua do Bom Jesús
da Conceição
Rua dos Netos
Rua dos Ferreiros
Rua das Mercês
Rua São Pedro
Rua do Castanheiro
Rua Câmara Pestana
Rua das Pretas
Rua da Mouraria
Rua da Carreira
C. de Sta. Clara
Rua das Cruzes
Rua São João de Deus
Rua Pim. Aguiar
Rua do Quebra Costas
Rua Major Reis Gomes
Rua do Conde de Canavial
Rua João
Brito Câmara
Av. Gulbenkian
Rua Ponte de São Lázaro
Rua dos Aranhas
Rua do Conselheiro
Rua Nova de São Pedro
Rua Ivens
Rua S. Francisco
Avenida Zarco
Av. Arriaga
Rua João Tavira
Rua do Bispo
Rua da Queimada de Cima
Rua da Q. de Baixo
Rua dos Ferreiros
Rua do Aljube
Rua João Gago
Rua da Sé
Rua do Sabão
Rua do Esmeraldo
Rua dos Tanoeiros
Rua Dr. A. José de Almeida
Rua dos Murças
Rua da Alfândega
Rua da Praia
Mar e das Comunidades Madeirenses
Avenida do
Av. do Infante
Av. Sá Carneiro
Praça
Taxi
A
B
C
D
E
1
2
3

Register

BILDNACHWEIS

AA/Clive Sawyer: 6 (Nr. 7, Nr. 10), 25, 49, 51, 58, 61, 63, 82, 84, 91 l., 91 r., 92, 113, 122, 132

AA/Jon Wyand: 55 l., 55 r., 107 o., 146

Hugo Abreu für Hotel The Vine: 47

Adobe: anilah 164, brozova 6 (Nr. 3), 19 u., 81, dziewul 20 u. r., Heinz 45, Kruwt 80, 82 o., Kushnirov Avraham 5 o., Ekaterina Pokrovsky 157 u. l., Nikolai Sorokin 85

Belmond Hotels: 26 o., 26 u.

CR7 Museum: 60

DuMont Bldarchiv/Holger Leue: 6 (Nr. 2), 20 u., 22, 30, 31, 33 o., 33 u. r., 34, 41 o., 41 u. r. 52, 57 u., 65, 66, 79 l., 108, 119, 131 u. l., 131 u. r., 132 u. l., 144, 155 u.r., 165, 169, 173, 174, 174, 177 o., 177 u. l., 177 u. r., 187, 188, 189

Getty Images: Paco Calvino 108 o., Rafael Elias 90, 178, Maya Karkalicheva 180/181, Magnus Larsson 137, 156

huber-images: Debelkova Lucie 134 u., Laurent Grandadam 43 o. l., Reinhard Schmid 163, Sebastian Wasek 6 (Nr. 4), 97, 138,

iStock: FreedomMaster 184, imonbradfield (10 u.)

Georg Knoll: 12/13, 117, 118, 133, 143

laif: Joanna Nottebrock 69, Franck Guiziou/ hemis.fr 6 (Nr. 5), 89

Lookphotos: Franz Marc Frei 95, Rainer Mirau 15, Jan Greune 71, age fotostock 183

Madeira Promotion Bureau: 9, 20 o., 92 o., 114, Lucia Barros 134/135, 161, Nelson Barros 26, 114, 126, 134 o., 150/151, 159 u., Francisco Correia: 6 (Nr. 1, Nr.9), 46, 111, 115, 120, 131 o., 140, 170/171, 185, 194/195, Tiago Sousa Desenquadrado 6 (Nr. 6), 112, 144, 189, Miguel Moniz 157 o. l., Greg Snell 19 o., 33 u. l., 36/37, 41 u. l., 42, 32 u., 73, 74/75, 79 u., 124, 148, 164, Duarte Sol 102/103, Teixeira 10 o.

mauritius images: Alamy 16, 59, 159, 190, chris willemsen/Alamy 57 o., Günter Gräfenhain 87 o., 109, imagebroker/Christian Handl 193, imagebroker/Martin Moxter 6 (Nr. 8), 88 u., 157, Widmann/CHL Alamy 101, Mikel Bilbao Gorostiaga-Travels/Alamy 156 l. , Westend61/Stefan Kranefeld 179, imagebroker/Katja Kreder 107 u.

Nau Santa Maria de Colombo: 96

Schapowalow: Laurent Grandadam 132/133

Shutterstock: drcmarx 5 u., Flying Mouse 81 r., Veronika Kovalenko 83

Titelbild: U1 oben: age fotostock / Lookphotos
U1 unten: robertharding / Lookphotos
U8: robertharding / Lookphotos

4. Aufl. 2019
Völlig überarbeitet und neu gestaltet

Text: Sara Lier, Christopher Catling, Marc Di Duca
Übersetzung: Dr. Eva Dempewolf, Jutta Ressel M.A., Anne Pilz (»Das Magazin«)
Redaktion: Hans-Werner Rodrian, SRT-Redaktionsbüro
Grafik: Dagmar Rogge, Münsing-Ammerland
Projektleitung: Dieter Luippold
Programmleitung: Birgit Borowski
Chefredaktion: Rainer Eisenschmid

Kartografie: © MAIRDUMONT GmbH & Co. KG, Ostfildern

Anzeigenvermarktung: MAIRDUMONT MEDIA
Tel. 0711 45 02-0, media@mairdumont.com
media.mairdumont.com

Printed in Poland

Trotz aller Sorgfalt von Autoren und Redaktion sind Fehler und Änderungen nach Drucklegung leider nicht auszuschließen. Dafür kann der Verlag keine Haftung übernehmen. Berichtigungen, Kritik und Verbesserungsvorschläge sind uns jederzeit willkommen, bitte informieren Sie uns unter:

Verlag Karl Baedeker / Redaktion
Postfach 3162
D-73751 Ostfildern
Tel. 0711 45 02-262
smart@baedeker.com
www.baedeker.com

FSC
www.fsc.org
MIX
Papier aus verantwortungsvollen Quellen
FSC® C018236